Johannes vom Kreuz

Der sichere Weg

zur

christlichen Vollkommenheit

und

Vereinigung mit Gott

Johannes vom Kreuz

Der sichere Weg

zur

christlichen Vollkommenheit

und

Vereinigung mit Gott

Schätze der christlichen Literatur

Band 13

Impressum:
© 2019 Conrad Eibisch (Hrsg. u. Bearb.)
Herstellung und Verlag: BoD – Books on Demand, Norderstedt.
ISBN: 978-3-74813-812-9

Vorrede.

DIE sämtlichen Schriften des heiligen Johannes von Kreuz bestehen aus dem Werk vom *Aufsteigen zum Berge Karmel,* aus *zwei Büchern der dunklen Nacht,* aus der *lebendigen Liebesflamme,* dem *Wechselgesang zwischen der Seele und ihrem Bräutigam,* aus *Regeln für Ordenspersonen, zehn Briefen, Denksprüchen* und vermischten *Geistesgesängen.* Alle, bis auf die hier gleichfalls auszugsweise mitgeteilten Regeln für Ordenspersonen, Denksprüche und Briefe, sind zunächst nur Erklärungen geistlicher, schwerverständlicher Lieder, welche gleichfalls vielfältig dunkle und leicht mißverständliche Ausdrücke enthalten, und versetzen daher den Leser in die unangenehme Notwendigkeit, den Zusammenhang des eigentlichen Inhalts aus der oft so weitläufigen Erklärung der aufeinanderfolgenden Verse verschiedenen Inhalts erst mühsam herauszusuchen.

Sowohl dies, als eine mir sehr achtbare Aufforderung, bewog mich, aus dem Werk *vom Aufsteigen zum Berge Karmel,* und der *dunklen Nacht,* mit Aushebung dahin gehöriger Stellen aus den übrigen ungleich kleineren Schriften, den wesentlichen Inhalt derselben, mit Weglassung der dunklen und leicht mißverständlichen Ausdrücke oder mit Veränderung derselben ohne Nachteil ihres Inhaltes, in ein zusammenhängendes Ganzes, beinahe immer mit den Worten des heiligen Verfassers, zu sammeln und der Form oder Darstellungsweise nach, dem Inhalt, oder Sinn und Geist unbeschadet, frei zu bearbeiten, um ihren wesentlichen, jeden Christen angehenden Inhalt allgemeiner zugänglich zu machen, da der heilige Johannes vom Kreuz in allen seinen Schriften nur lehrt, was der Mensch tun muß, und Gott tut oder anordnet und zuläßt, damit der von Gott abgefallene Mensch dem alten, sinnlichen und selbstsüchtigen Menschen absterbe, und den neuen, nach dem Vorbild Jesu, anziehe. Nur darin besteht, nach ihm der Weg und das höchste Ziel der Vollkommenheit, nicht in außergewöhnlichen Mitteilungen, die nur Mittel für Schwache sind und Zeichen besonderer Begnadigung, von denen er sagt, daß man nach ihnen kein Verlangen haben dürfe, um ihrer günstigen Wirkung teilhaftig werden zu können, und um den so leicht möglichen Betrügereien des Teufels, und der so mächtigen Einbildungskraft, besonders bei weiblichen Personen, zu entgehen.

In Hinsicht dessen, was in dieser Beziehung hier vorkommt, und was Gott tut, zur Abtötung und Reinigung der Seele, kann diese Schrift auch ein Kern der christlichen Mystik genannt werden. Da der Evangelist von Jesus schreibt: *Zu allen aber sagte er: Wer mir nachfolgen will, der verleugne sich selbst, nehme täglich sein Kreuz auf sich, und folge mir nach*[1]; so dürfte diese Schrift über die von unserem Erlöser uns zur Bedingung, zur Aufnahme in den Himmel, gesetzten Selbstverleugnung unstreitig zu den nützlichsten gehören.

Seelsorger, welche, aus eigener Erfahrung, die außergewöhnlichen Führungen Gottes auf dem Weg des Heils nicht kennen, finden hier die nötigen Aufschlüsse, um solche Seelen verstehen und sicher führen zu lernen, deren ich während meiner 28 Seelsorgejahre viele auch auf dem Land gefunden habe, die hier und da als überspannt und dergleichen, vernachlässigt werden. Der mir so unvergeßliche Lehrer, Wohltäter und Freund – Bischof von Sailer pflegte zu sagen: *Der Geist Gottes weht, wo er will; wer kann, wer darf ihm wehren!*

Simon Buchfelner, Pfarrvikar.

Am Fest Maria Himmelfahrt, 1840.

---

[1] Luc. 9, 23.

Der sichere Weg
zur
christlichen Vollkommenheit
und
Vereinigung mit Gott

Einleitung.

ES gibt mehrere Seelen, welche die Bahn der Tugend wohl antreten, aber keine Fortschritte machen, wenn der Herr sie durch Entziehung innerlicher Tröstungen reinigen will, um zur Vereinigung mit ihm zu gelangen, teils weil sie sich selbst nicht verstehen, teils weil es ihnen an erfahrenen, einsichtsvollen Wegweisern mangelt. Sie halten sich auf der untersten Stufe des Umgangs mit Gott auf, weil ihr Wille entweder nicht aufrichtig genug, oder ihre Erkenntnis sehr mangelhaft ist, oder weil man sie nicht lehrt, von den Anfängen des geistlichen Lebens sich loszureißen, und nach höherer Vollkommenheit zu streben. Verleiht ihnen Gott dennoch die Gnade, ohne Unterricht eines Führers auf dem Weg der Abtötung der Natur und des Willens Fortschritte zu machen; so gelangen sie nur sehr spät, mit großen Schwierigkeiten und mit geringerem Verdienst zum Ziel, weil sie sich der Führung Gottes nicht mit der gehörigen Folgsamkeit überlassen, sondern ihm oft widerstehen. Sie gleichen hierin den kleinen Kindern, die sich weinend sträuben, und durchaus auf eigenen Füßen zu gehen verlangen, wenn die Eltern sie auf den Armen tragen wollen.

Damit nun solche Seelen lernen, sich von Gott führen zu lassen, wenn er sie weiter fördern will, so wollen wir mit Gottes Beistand sowohl den Anfängern, als denen, die schon weiter fortgeschritten sind, Unterweisungen und Vorschriften geben, wodurch sie lernen, sich selbst zu verstehen, oder wenigstens sich von Gott leiten zu lassen. Denn einige Beichtväter und Führer im geistlichen Leben halten, aus Mangel am Licht und selbstgemachter Erfahrung, solche Seelen zurück, und sind ihnen mehr hinderlich als förderlich.

Zuweilen führt Gott eine Seele auf den erhabendsten Weg des bloßen Glaubens und der Dürre. Da wähnt sie, weil sie solche Ereignisse nicht versteht, und es ihr an einem erfahrenen Führer mangelt, sie sei vom rechten Weg abgekommen und habe sich verirrt. Während sie nun von Finsternis, Trübsal, Angst und Versuchung allenthalben geplagt wird, kann sie jemanden finden, der zu ihr sagt, sie leide an der Melancholie, oder jenes dürre Wesen des Geistes komme von einer natürlichen Beschaffenheit ihres Körpers her[2]; oder ihre Fehler seien Schuld, daß sie von Gott auf diese Art verlassen werde. Solche Menschen machen gewöhnlich den raschen Schluß, jene Seele sei eine große Sünderin, oder sei es zuvor gewesen, weil sie solche Drangsale auszustehen habe. Auch an Menschen wird es nicht fehlen, die ihr den Rat geben, ihre frommen Übungen zu unterlassen, weil sie jenen inneren Wohlgeschmack, jenen Trost in göttlichen Dingen, den sie vorher kostete, nicht mehr erfährt. Auf solche Weise muß der bemitleidenswerten Seele die Pein verdoppelt werden; denn gerade die Erkenntnis des eigenen Elends ist vielleicht ihre größte Plage. Da wird es ihr klarer, als Mittagslicht, sie sei voll arger Dinge und Übel; denn in ebendiesem Zustand erteilt ihr Gott solche Erkenntnis, wie wir in der Folge näher zeigen werden. Trifft sie nun jemanden an, der ihr beistimmt und sagt, dies rühre aus ihrer Schuld her, so wächst die Pein ins Unendliche, und ihre Angst wird mehr als Todesangst. Manche Beichtväter begnügen sich nicht mit diesem, sondern, weil sie glauben, solche peinlichen Seelenzustände kämen von begangenen Sünden her, befehlen, den ganzen Lebenslauf sorgfältig zu prüfen, und mehrere Generalbeichten abzulegen. Auf solche Art heften sie die Seelen aufs neue an das Kreuz, weil sie nicht einsehen, daß für jetzt

---

[2] Was zwar möglich, aber seltener der Fall ist.

zu jenen Dingen nicht Zeit sei, sondern daß man sie in diesem Zustand der Läuterung, die Gott in ihnen vornimmt, lassen müsse, und daß man sie nur zu trösten und zu ermutigen habe, diese Beängstigungen geduldig zu ertragen, so lange es Gott gefalle; denn bevor Gott hierin nicht eine andere Wendung schafft, ist alles vergeblich: die Seelen mögen tun, und ihre Treiber mögen sagen, was sie wollen.

Von solchen Dingen sind wir mit Gottes Gnade zu handeln gesinnt: wie sich nämlich die Seele alsdann verhalten müsse, wie der Beichtvater sie leiten, und aus welchen Kennzeichen oder Wahrnehmungen man unterscheiden könne, ob es eine Läuterung der Seele sei; und, wenn sie es ist, ob es die Reinigung der Sinne oder des Geistes sei. Auch davon werden wir reden, wodurch bestimmt wahrzunehmen sei, ob jene Beängstigungen von melancholischer Feuchtigkeit, oder von einer gewissen Unvollkommenheit des Sinnes oder des Geistes entspringen. Denn einige Seelen finden sich, die wohl glauben, Gott führe sie auf dem Weg des dürren, dunklen Glaubens und der geistigen Läuterung; ja selbst ihre Beichtväter könnten so urteilen, und doch dürfte es nur Folge einer der genannten Unvollkommenheiten sein. Dabei gibt es viele Seelen, die sich darüber grämen, daß sie kein Gebet üben können, während sie wirklich sehr erhaben beten; wie im Gegenteil manche nicht beten, und doch sehr gut zu beten wähnen. Andere finden sich, die sich viele Mühseligkeiten und Abmattungen gefallen lassen, und doch immer nur rückwärts gehen, da sie den Gewinn ihres Fortgangs, statt in dem wahrhaft zuträglichen, eigensinnig vielmehr in dem suchen, was ihnen hinderlich ist. Dagegen nehmen wieder andere im Geist sehr viel zu, indem sie ruhig und still sind. Einige verwickeln sich, und halten sich auf dem Weg auf, daß sie nicht weiterkommen, obschon sie von Gott Erquickungen und Gnaden zum Fortschreiten empfangen. Überhaupt stoßen dem Wanderer auf dieser Laufbahn der Zufälle so manche auf, die bald zur Freude, bald zum Kummer, bald zu hohem Mut, bald zur schmerzlichen Kleinmütigkeit anreizen. Einige derselben kommen aus dem Geist der Vollkommenheit, andere hingegen entspringen aus Unvollkommenheiten. Mit Gottes Hilfe wollen wir von diesem allen etwas sagen, damit der Leser sich auf seiner Pilgerreise zurechtfinde, und erkenne, wohin er mit der größten Sicherheit seine Richtung zu nehmen habe, wenn er aufrichtig wünscht, zur Vollkommenheit zu gelangen. Übrigens findet sich hier nichts, das den Geschmack jener Geistesleute reizt, die nur durch angenehme, gefällige Dinge zu Gott gehen wollen; sondern nur eine wesentliche und gründliche Lehre für jedermann, der zur Nacktheit, Abgestorbenheit des Geistes, wovon hier die Rede ist, gelangen will. Besonders wird hier für jene[3] geschrieben, die schon durch Selbstverleugnung von den zeitlichen Dingen dieser Welt entblößt sind.

---

[3] In oder außer den Ordensständen.

1. Kapitel.

Begriff der Reinigung der Seele von den Wahrnehmungen durch die Sinne.

SOBALD Gott dem Körper die Seele gibt, ist dieselbe, wie die Weltweisen behaupten, wie eine glatte Tafel, auf welcher sich gar kein Bild befindet. Nimmt sie nicht durch den Dienst der Sinne von den Dingen irgendeine Kenntnis, so wird ihr, wenn man nach gemeinem Naturlauf reden will, anderswoher nichts mitgeteilt. Die Seele erfährt anderswoher nichts, als was ihr durch die Sinne mitgeteilt wird. Verachtet und verschmäht sie aber das, was sie durch den Dienst der Sinne in sich aufnehmen kann, so sagen wir richtig, sie bleibe leer und rein. Sie kann zwar entschieden immerfort hören, sehen, riechen, kosten und tasten, und doch wird sie, wenn sie kein Bild, keinen Eindruck von dem Gehörten, Gesehenen etc. in sich aufnimmt, sondern sie verleugnet, von allen diesen sinnlichen Wahrnehmungen keine Verhinderung fühlen. Alles wird ihr ebenso viel sein, als höre oder sehe sie es nicht; sie ist davon ganz entblößt. So sagte auch David von sich: *Ich bin arm und in Mühseligkeiten von meiner Jugend an.* Er war, wie wir wissen, reich, und doch nannte er sich arm, weil er mit dem Willen nicht am Reichtum hing: bei ihm galt daher dieses ebenso viel, als wirkliche Armut. Wäre er dagegen wirklich dürftig gewesen, und hätte er mit der Gemütsneigung eine Begierde nach Reichtum gehegt, dann hätte er nicht sagen können, *ich bin arm*: seine Seele wäre durch die Begierlichkeiten reich gewesen. Die Entbehrung der Dinge entblößt die Seele nicht, wenn sie danach verlangt; sondern die Verleugnung der Lust und Anhänglichkeit an sie macht die Seele leer und frei, obschon man den Besitz der Dinge nicht ablegt. Die Dinge der Welt nehmen die Seele nicht ein, sie fügen ihr auch keinen Schaden zu, wenn man sie nicht in sie eingehen läßt; aber der Wille und die Begierde danach schaden ihr viel, wenn ihnen ein Aufenthalt in der Seele gestattet wird. Es soll daher gelehrt werden, wie nützlich es ihr sei, wenn die sinnliche Neigung und Anhänglichkeit an die Dinge dieser Welt abgetötet wird.

2. Kapitel.

Von der Notwendigkeit der Abtötung der sinnlichen Neigungen.

DIE Ursache, welche es bei einer Seele, die nach der Vereinigung mit Gott strebt, notwendig macht, die Lust und Anhänglichkeit an vergängliche Dinge abzutöten, liegt darin, weil die Seele unfähig ist, von dem reinen und einfachen Licht Gottes erleuchtet, und in Besitz genommen zu werden, so lange sie in einer solchen Umhüllung bleibt. Der heilige Johannes sagt: *Das Licht leuchtet in den Finsternissen, und die Finsternisse haben es nicht begriffen.*[4] Und der heilige Apostel Paulus hat gelehrt: *Wie kann das Licht mit der Finsternis im Bunde stehen?*[5] Zwei entgegengesetzte Dinge können in einer Person nicht Raum finden. Deswegen kann die Seele das Licht der göttlichen Einigung nicht in sich aufnehmen, bevor die Anhänglichkeit und Liebesneigung zu den Geschöpfen aus ihr vertrieben wird. Um das bisher Gesagte besser zu verstehen, muß man wissen, daß die Liebe und Anhänglichkeit der Seele an die Geschöpfe die Seele selbst dem Geschöpf gleichmache, und sich eine um so größere Ähnlichkeit und Gleichheit ergibt, je stärker die Liebe ist; denn die Liebe erzeugt Gleichheit zwischen dem Liebenden und Geliebten. Wer sich daher mit Liebe an ein Geschöpf bindet, wird so geringfügig und verächtlich, wie dies Geschöpf ist; ja er wird in gewisser Hinsicht noch tiefer herabgedrückt; denn die Liebe macht nicht nur eine Gleichheit, sondern unterwirft auch den Liebenden dem geliebten

---

[4] Joh. 1, 5.
[5] 2. Kor. 6, 14.

Gegenstand, bewirkt folglich eine Untertänigkeit unter denselben. Wenn daher die Seele irgendeinem Ding, außer der Ordnung Gottes, mit verbindlicher Liebe anhängt, so macht sie sich unfähig, mit Gott rein verbunden zu werden. Eine Seele, die durch die Liebe an den Geschöpfen hängt, kann Gott nicht erfassen, bevor sie ganz von dieser Liebe gereinigt ist; sie wird ihn weder in diesem Leben durch die lautere Umgestaltung der Liebe besitzen, noch in dem zukünftigen durch die klare Anschauung.

Die Seele ist daher höchst töricht, wenn sie wähnt, sie könne sich zu dem erhabenen Stand der Vereinigung mit Gott aufschwingen, ohne vorher die Begierde nach natürlichen, ja auch nach übernatürlichen Dingen, insofern die Eigenliebe daran eine Stütze nimmt, abgelegt und sich derselben entleert zu haben. Denn Christus sagte, da er uns diesen Weg lehren wollte: *Wer nicht allen Dingen, die er[6] besitzt, entsagt, der kann nicht mein Jünger sein.*[7] Und dies liegt außer allem Zweifel; denn die Lehre, die der Sohn Gottes der Welt einzuprägen gekommen ist, war die Verachtung aller Dinge, wofür man den Heiligen Geist empfangen sollte. So lang sich die Seele nicht mit Gewalt jener Dinge entäußert, ist sie unfähig, den Geist Gottes zur lauteren Umgestaltung in vollkommener Ähnlichkeit mit Gott zu empfangen. Möchten doch geistliche Personen einsehen lernen, welcher Güter sie sich berauben, und welchen Überfluß des Geistes sie verlieren, weil sie ihre Lust von kindischen Albernheiten nicht losreißen wollen! Da kein Ding Gott gleich geachtet werden darf, so fügt ihm die Seele, die neben ihm etwas anderes liebt, oder demselben mit Neigung anhängt, auch eine schwere Unbill zu. Da dieses unleugbar ist, ach, was wäre es, wenn sie jene Sache noch mehr als Gott selbst liebte?

Der ganze Weg zur Vereinigung mit Gott ist nichts anderes, als ein ununterbrochenes Bestreben, die Begehrungen zu bezähmen, und zu verleugnen. Hat man den Stand der Vollkommenheit, Gott selbst, er-

---

[6] Mit einer Anhänglichkeit des Willens.
[7] Luc. 14, 33.

reicht, so begibt sich alles Begehren zur Ruhe, und hört endlich gar auf. Bevor aber die Gelüste so abgetötet sind, daß alles Begehren aufhört, wird die Seele nicht dorthin gelangen, obgleich sie sich noch so sehr in Tugenden übt; denn es mangelt ihr die vollkommene Errungenschaft der Tugenden, die darin besteht, daß die Seele von allem Gelüste entblößt, leer und rein geläutert ist. Die unabgetöteten Neigungen sind der Seele nicht nur dadurch nachteilig, daß sie dem Geist Gottes entgegenkämpfen, sondern sie ermatten, quälen, verdunkeln, beflecken und schwächen sie auch.

3. Kapitel.

Von der Notwendigkeit, alle,
auch die kleinsten Gelüste abzulegen, wenn man zur
Vereinigung mit Gott gelangen will.

ES scheint eine zu schwere und harte Sache zu sein, wenn man behauptet, die Seele vermöge es, eine so große Blöße und Reinigkeit zu erringen, daß sie keinem Ding mehr mit Neigung und Willen anhänge. Die natürlichen Gelüste und Regungen der Natur, in welche der vernünftige Wille weder vor, noch nachher auf irgendeine Weise sich mischt, im gegenwärtigen Leben ganz zu ertöten und auszurotten, ist eine Unmöglichkeit. Solche halten aber die Seele auch nur wenig oder gar nicht von der Vereinigung mit Gott ab. Sie können in der Seele noch zum Vorschein kommen, und doch kann die Seele zugleich, dem vernünftigen Geist nach, von ihnen ganz frei und ungehindert sein. Es ist der Fall möglich, daß sie in dem Willen einer hohen und ruhigen Einigung mit Gott genießt, und daß sich zugleich in ihrem sinnlichen Teil solche Gelüste melden, während der obere Teil im Gebet zu Gott emporgerichtet ist, und keine Gemeinschaft mit ihnen hat. Unmöglich ist es aber, zur Vereinigung mit Gott zu gelangen, wenn sich die Seele nicht aller freiwilligen Gelüste entleert, es mögen dieselben sich auf schwere oder nur auf geringe Sünden und Unvollkommenheiten beziehen. Dieser sämtlichen Gelüste muß die Seele entledigt werden, um mit Gott ganz vereinigt werden zu können. Denn der Stand dieser Vereinigung ist nur dann ausgebildet, wenn die Seele ihren Willen in die Form des göttlichen Willens so gebracht hat, daß ihr ganzes Regen und Bewegen in allem und durch alles Gottes Wille allein sei. Aus diesem Grund sagen wir auch, in diesem Stand werde aus unserem Willen und aus dem Willen Gottes ein Wille so, daß die Seele nur will, was Gott will. Wollte also die Seele zu irgendeiner Unvollkommenheit, die Gott verwirft, eine Neigung fassen, so wäre sie ja in den Willen Gottes nicht eingegangen und verwandelt, weil sie das wollte, was Gott nicht will. Die Seele muß daher offenbar, um mit Gott, der Liebe und dem Willen nach, genau verbunden zu werden, vorher von allem, auch von der kleinsten freiwilligen sinnlichen Neigung frei werden; das heißt, der Wille darf mit Wissen nicht im geringsten einer erkannten Unvollkommenheit seine Zustimmung geben, und muß so kräftig und frei sein, daß er die bemerkte Unvollkommenheit unverzüglich verwerfen kann. Ich rede aber ausdrücklich von erkannter Unvollkommenheit; denn ohne Zweifel wird sie, ohne es zu bemerken, hin und wieder aus Unachtsamkeit, oder weil es nicht ganz in ihrer Gewalt liegt, in Unvollkommenheiten, in läßliche Sünden, und in nichtfreiwillige Gelüste fallen. Und von solchen, nicht ganz freiwilligen Sünden steht geschrieben: *Der Gerechte wird siebenmal fallen und wieder aufstehen.*[8] Die gewohnte Neigung dazu muß allerdings besiegt und ertötet werden. Gewisse Unvollkommenheiten verursachen keinen großen Schaden, weil sie nicht von einer Lieblingsneigung entspringen; wiewohl man beständig dahin streben muß, auch von diesen frei zu werden.

Solche, von einer Lieblingsneigung kommende Unvollkommenheiten sind z. B. die Gewohnheit, viel zu reden, eine kleine Anhänglichkeit an

---

[8] Sprichw. 24, 16.

eine Person, an ein Kleid, an ein Buch, an ein Zimmer, an diese oder jene Speise, an eine Bequemlichkeit, an kleine Vergnügungen etc. Jede derselben hält die Seele, wenn sie daran haftet, und daraus eine Gewohnheit macht, weit mehr vom Fortgang im guten ab, als wenn sie täglich mehrere andere, auch größere Unvollkommenheiten beginge, die aber von keiner Angewöhnung herkämen; denn sie würde davon nicht so sehr aufgehalten werden, als von der angewöhnten Anhänglichkeit an irgend etwas. So lang etwas solches, so klein es auch sein mag, in der Seele sich befindet, kann sie unmöglich die Vollkommenheit erringen. Was liegt daran, ob der Vogel mit einem starken oder schwachen Faden vom freien Flug zurückgehalten wird. Zwar wird ein schwacher leichter zerreißen, er hindert ihn aber dennoch im freien Aufflug. Auf dem Weg zur Vollkommenheit muß man immer so fortschreiten, daß man dem Ziel näher komme, und das geschieht, wenn man allezeit die Liebesneigungen abschneidet, und durchaus nicht pflegt; denn werden diese nicht ohne Ausnahme verleugnet, so gelangt man nie zum Ziel. Die Seele hat ja nur einen einzigen Willen; wenn der sich in etwas anderes verwickelt, und sich auf irgendeine Weise damit beschäftigt, so bleibt er schon nicht mehr so frei, einsam und lauter, wie es zur vollkommenen Ähnlichkeit mit Gott erfordert wird.

Das Hauptaugenmerk der geistlichen Lehrer muß also darauf gerichtet sein, daß sie unverzüglich an denen, deren Leitung sie auf ihr Gewissen genommen haben, jedes Gelüste zu ertöten streben, und zu diesem Ende ihnen alles hinwegnehmen, wonach sie ein unordentliches Verlangen haben. Denn jede freiwillige Neigung, es sei auf einen unter einer schweren oder geringen Sünde verbotenen Gegenstand, oder auch nur auf eine Unvollkommenheit, reicht hin, in der Seele Blindheit, Qual, Unlauterkeit, Abspannung etc. zu verursachen, wenn auch die Neigung zu läßlichen Sünden, weil diese die Seele der Gnade nicht ganz berauben, diese Übel nicht in einem so umfassenden und vollen Grad zur Folge hat.

Sie müssen also ihre Zöglinge durch Anhaltung zur Verleugnung aller sinnlichen Neigungen von diesen Übeln zu befreien suchen.

4. Kapitel.

Unterweisungen, wie wir unsere Gelüste überwinden sollen.

FOLGENDE Unterweisungen zur Beherrschung der bösen Neigungen, obgleich ihr Inhalt kurz ist, fassen der Hauptsache nach, nach meiner Meinung, alle anderen in sich. Die erste Lehre ist: Man habe eine beständige Sorgsamkeit und Geneigtheit, Christus in allen Dingen nachzuahmen, sich seinem Leben gleichförmig zu machen, und in allen Ereignissen sich so zu betragen, wie er sich in unseren Verhältnissen benommen haben würde. In dieser Absicht muß man aber das Leben Christi fleißig betrachten, um zu lernen, wie man ihm nachzufolgen habe.

Zweitens muß man, um Jesus gleichförmig zu werden, jede Behaglichkeit oder jeden Trost, welcher sich den Sinnen anbietet, verschmähen, wenn man ihn nicht rein zur Ehre und Verherrlichung Gottes[9] annehmen kann. Aus Liebe zu Jesus Christus, der in dem gegenwärtigen Leben keinen anderen Trost und kein anderes Vergnügen hatte, oder wollte, als den Willen seines Vaters zu erfüllen, den er auch seine Speise nannte, bleibe man von allem Sinnentrost frei und rein.

Folgende Beispiele werden die Sache näher erklären: Bietet sich bei der Erzählung von Dingen, welche die Ehre Gottes und das Seelenheil nicht fördern, ein Vergnügen an, so soll die Seele daran keine Lust nehmen, und nicht hinhorchen. Empfindet sie eine Belustigung bei dem Anblick von Dingen, die sie nicht erbauen und näher zu Gott führen, so soll sie diese Lust ausschlagen, und ihre Augen von diesen Dingen wegwenden.

---

[9] Oder als Folge der Nächstenliebe.

Will sich sonstwo eine ähnliche Behaglichkeit einschleichen, so soll sie allezeit dasselbe tun. Endlich soll sie bei allen Sinnen, soviel möglich, eine gleiche Weise der Verleugnung und Abtötung in Anwendung bringen. Könnte man irgendwo nicht ausweichen, und müßte man eine wohlschmeckende Speise essen, so wäre es schon genug, wenn man die angenehme Empfindung dabei nicht fühlen will, obschon man sie fühlt.

Auf solche Weise muß man sich stets bemühen, die Sinne unverzüglich abzutöten, und von jedem freiwilligen Vergnügen zu entleeren. Durch solche Anstrengung und Sorgfalt wird man es im kurzen sehr weit bringen. Will man ferner die vier natürlichen Leidenschaften: Freude und Hoffnung, Furcht und Schmerz, abtöten, und wieder in Einklang und Ruhe versetzen, um zu jenem Seelenfrieden zu gelangen, der uns der göttlichen Einflüsse empfänglich macht; so dient das Folgende als das beste und allgemein brauchbare Mittel. Es ist auch eine Grundlage großer Tugenden und Verdienste.

Man bemühe sich allezeit seinen Sinn nicht auf das Leichtere, sondern auf das Schwerere hinzulenken. Nicht auf das besser Schmeckende, sondern auf das, was dem Geschmack weniger zusagt. Nicht auf das, was mehr vergnügt, sondern auf das, was keine Belustigung bringt. Nicht auf das Tröstliche, sondern darauf, was höheren Ernst erregt. Nicht darauf, was leicht ist, sondern was Mühe und Arbeit kostet. Nicht auf das Mehr, sondern auf das Weniger. Nicht auf das Höhere und Ansehnlichere, sondern auf das Geringere und mehr Verachtete.

Man muß wünschen, um Christi willen in alle Blöße, Leere und Armut der Dinge, die in der Welt sind, einzugehen. Darauf kommt viel an, daß man solche Übungen mit allem Ernst, und vom Grund des Herzens anfange, festhalte, und mit aller Anstrengung immer tiefer in selbe eindringe; denn zeigt man hier Aufrichtigkeit und Ernst, so wird man in sehr kurzer Zeit, wenn man damit Ordnung und Bescheidenheit verbindet, eine reiche Ader des Trostes und der Vergnügen darin finden.

Das Gesagte rechtschaffen geübt, reicht hin, zur Reinheit des Sinnes zu gelangen.

Zum Schluß dieser Lehrstücke mag es dienlich sein, noch einige Grundsätze beizufügen, welche eine Anleitung enthalten, wie man zum Stand der erhabenen Vereinigung mit Gott gelangen könne. Zwar findet die Anwendung dieser Grundsätze hauptsächlich in geistigen und inneren Dingen statt; es ist aber doch darin zugleich die Rede von dem Geist der Vollkommenheit, wie er sich auch den äußeren Übungen und den Sinnen nach beweist. Diese Grundsätze sind folgende: Um zur Anschauung Gottes zu gelangen, mußt du deine Vernunft und deinen Willen und die Sinne dem Glaubenslicht unterwerfen; um zum Genuß Gottes zu gelangen, darfst du im Geschaffenen kein Vergnügen suchen; um den Besitz des höchsten Gutes zu erringen, darfst du an keinen Besitz außer ihm eine Anhänglichkeit haben; um möglichst vollkommen zu werden, darfst du in keinem Ding etwas sein wollen; um dahin zu gelangen, was der Geschmack nicht wahrnimmt, mußt du dem Geschmack auf deiner Wanderung dahin entsagen.

In dieser Blöße findet der Geist seine Erquickung und Ruhe, weil er nichts mit Begierlichkeit verlangt; denn sobald er auf solche Weise etwas wünscht, wird er darin abgemattet. Ehe die Gelüste durch die Abtötung des sinnlichen Teils nicht so ertötet sind, daß er dem Geist sich nicht mehr widersetzt, gelangt die Seele nicht zur wahren Reinheit und Ruhe, wodurch sie die Vereinigung mit ihrem Geliebten genießt.

5. Kapitel.

Von dem bloßen Glauben,
als sicheren Führer zur Vereinigung mit Gott.

DER heilige Paulus lehrt: *Der Glaube muß daraus entstehen, daß man höre; daß man aber höre, muß das Wort Christi bewirken.*[10] Was der Glaube uns lehrt, das steht mit keinem Sinn im Verhältnis, sondern wir wissen es nur durch das Gehör, wenn wir dem, was er lehrt, Beifall geben, unsere natürliche Vernunft ihm unterwerfen, denn der Glaube trägt uns Wahrheiten vor, zu deren Erkenntnis wir ohne göttliche Offenbarung nicht gelangen können. Der Glaube ist daher kein Verstehen, sondern die Zustimmung der Seele zu dem, was durch das Gehör in sie eindringt. Andere Wissenschaften erwirbt man durch das Licht des Verstandes: die Erkenntnisse des Glaubens erlangt man ohne dasselbe, indem man das Licht des Verstandes durch den Glauben verleugnet. Deswegen sagte Jesaia: *Wenn ihr nicht glaubt, werdet ihr nicht verstehen.*[11]

Damit die Seele mit Vorteil durch den Glauben zu dem erhabenen Stand der Vereinigung mit Gott geführt werden könne, muß sie den Weg der Verleugnung gehen, nicht nur nach jenem Teil, mit welchem sie Geschöpfe und zeitliche Dinge anschaut, nach jenem niederen und sinnlichen Teil, von welchem wir schon geredet haben; sondern sie muß auch das Licht des Verstandes verleugnen, unterwerfen den geoffenbarten Wahrheiten des Glaubens, also auch nach ihrem oberen, vernünftigen Teil den Weg der Verleugnung gehen, womit sie auf Gott und auf geistige Dinge ihren Blick richtet, von dem wir gegenwärtig handeln.

Wenn die Seele zur übernatürlichen Umgestaltung und Vereinigung mit Gott soll gelangen können, so muß sie notwendig von aller Vorliebe

---

[10] Röm. 10, 17.
[11] Jes. 7, 9.

und Neigung zum Sinnlichen und von allem Vertrauen auf ihre vernünftige Einsicht sich vollkommen frei machen. Sie muß freiwillig von allem diesen sich so leer machen, daß sie, bei allem Besitz mehrerer übernatürlicher Gaben, innerlicher Erleuchtungen und Tröstungen, sie nicht achte und wolle, sondern vielmehr nur von den Wahrheiten des Glaubens sich leiten lasse: sie darf sich nur auf den bloßen Glauben stützen, und durchaus nicht dem anhängen, was sie versteht, fühlt oder empfindet; denn der bloße Glaube steht viel höher als alles Verstehen, Fühlen und Empfinden, und ist allein ein sicherer Führer. Die Seele wird auf der Wanderung zu dem erhabenen Stand der Vereinigung mit Gott sehr aufgehalten, wenn sie sich auf irgendein eigenes Verständnis, auf ihr Gefühl, auf ihre Einbildung, auf ihr Urteil, auf ihren Willen, auf eine eigene oder angenommene Weise stützt, und dadurch sich selbst Bande anlegt. Je höher sie das achtet, was sie versteht, fühlt oder sich einbildet, es mag geistig sein oder nicht, desto weiter zieht sie sich von dem höchsten Gut ab, und gelangt um so später zu ihm. Und je geringer sie in Betrachtung des höchsten Gutes alles achtet, was sie haben kann, desto größeren Wert legt sie auf das höchste Gut, und nähert sich ihm folglich um so mehr. Auf solche Weise wird die Seele durch den bloßen Glauben eines wunderbaren Lichts teilhaftig, und macht die schnellsten Fortschritte zur Vereinigung mit Gott; denn die Seele, welche sich ihres natürlichen, eigenen Lichts entledigt hat, und nur durch den bloßen Glauben sich führen läßt, wird übernatürlich sehen, nach dem Ausspruch Jesu: *Ich bin zum Gericht in diese Welt gekommen, auf daß die, welche nicht sehen, sehend werden, und die, welche sehen, blind werden.*[12] Denn die Seele, die sich auf irgendein eigenes Licht stützen will, wird ihr Erkenntnisvermögen in eine gewisse Blindheit einführen, noch blinder werden, und auf der Wanderung zur Vereinigung mit Gott größeren Verzug leiden.

---

[12] Joh. 9, 30.

Damit man das Folgende besser verstehe, wollen wir nun näher angeben, was das sei, welches wir die Vereinigung mit Gott nennen, ehe wir von der Reinigung der drei Seelenvermögen handeln, so weit sie insbesondere die drei theologischen Tugenden angehen.

6. Kapitel.

Erklärung, was die Vereinigung mit Gott sei.

GEGENWÄRTIG rede ich nur von der allgemeinen, nach dem ganzen Wesen der Seele und ihrer Vermögen bleibenden Vereinigung mit Gott, insoweit sie eine beständige, wie zur Natur gewordene Fertigkeit ist; denn in Hinsicht auf ihre wirkliche Übung werden wir in der Folge mit Gottes Hilfe davon handeln, und dartun, wie wir in diesem Leben, den Seelenvermögen nach, keine bleibende, sondern nur eine vorübergehende Vereinigung haben, auch keine andere haben können.

Man muß, um richtig zu verstehen, von welcher Art die Vereinigung mit Gott sei, von welcher wir reden wollen, vor allem wissen, daß Gott in jeder Seele, sogar in der Seele des größten Sünders, bleibe und wesentlich gegenwärtig sei.[13] Diese Art der Einigung oder Gegenwart, die wir eine Gegenwart Gottes in natürlicher Ordnung nennen können, findet zwischen Gott und allen seinen Geschöpfen immer statt. Nach dieser Ordnung erhält er ihnen das Dasein, welches sie haben. Wäre er nach dieser Art der Einigung oder Gegenwart von ihnen entfernt, so müßten sie unverzüglich in das Nichts zurückfallen und zu sein aufhören. Wenn wir also von der Vereinigung mit Gott sprechen, so wollen wir nicht reden von dieser Gegenwart Gottes in allen seinen Geschöpfen, sondern von der Einigung der Seele mit Gott durch die Liebe, und von der dadurch erfolgenden Verähnlichung der Seele mit Gott.

---

[13] Insoweit sie durch ihn im Dasein erhalten wird.

Diese wird nur dann vollzogen, wenn zwischen Gott und der Seele eine Liebesähnlichkeit eintritt: weswegen diese den Namen einer Vereinigung der Ähnlichkeit erhalten wird, wie jene vom Wesen und Sein den Namen hat. Die eine ist natürlich, die andere übernatürlich, und letztere findet erst dann statt, wenn die zwei Willen, der Wille der Seele und der Wille Gottes, einförmig sind, und im menschlichen Willen sich nichts vorfindet, was dem göttlichen sich widersetzt. So wird die Seele durch die Liebe in die Gottähnlichkeit umgestaltet bleiben, wenn sie alles, was dem göttlichen Willen nicht gleichförmig ist, abgelegt hat.

Dies ist nicht nur von dem zu verstehen, was sich wirklich, sondern auch von dem, was sich der Neigung nach widersetzt. Folglich müssen nicht nur freiwillige Handlungen der Unvollkommenheiten von der Seele verleugnet werden, sondern auch die wider unseren Willen sich regenden unordentlichen Neigungen. Und weil kein Geschöpf, keine Handlung oder Geschicklichkeit des Geschöpfes mit dem, was Gott ist, in Vereinigung kommen kann, darum muß die Seele von aller Anhänglichkeit an die Geschöpfe, von allen eigenliebigen Tätigkeiten und Geschicklichkeiten, das heißt, von allem ihren Verständnis und Geschmack, wie von ihrer ganzen Empfindungsweise entblößt werden, damit sie alles ablege, was Gott unähnlich und nicht im Einklang mit ihm ist, und damit sie so die Ähnlichkeit mit Gott in sich aufnehmen könne. Von nun an darf in ihr nichts mehr übrig bleiben, als was der Wille Gottes ist, um in den Willen Gottes umgestaltet zu werden. Zwar ist Gott, wie gesagt, in der Seele allezeit dadurch, daß er ihr durch seine Gegenwart das natürliche Sein gibt und erhält; aber er teilt ihr, wie aus dem Gesagten geschlossen werden muß, nicht allezeit das übernatürliche Leben mit; denn dieses wird nicht anders, als durch die Liebe und die Gnade mitgeteilt.

In der Gnade und Liebe leben aber nicht alle Seelen, und die, welche darin leben, leben nicht im gleichen Grad in denselben, weil einige mehr, andere weniger Stufen der Liebe erstiegen haben. Gott teilt sich daher jener Seele mehr mit, die inniger liebt, das heißt, deren Wille mit dem göttlichen gleichförmiger ist. Je mehr eine Seele, ihrer Neigung und Haltung nach, einem Geschöpf anhängt und auf ihre Geschicklichkeit baut, um so weniger ist sie zur Vereinigung mit Gott geeignet; denn sie läßt Gott in sich keinen leeren Raum, um sie mit übernatürlicher Gnade erfüllen zu können.

Die Liebe besteht darin, daß man redlich, um Gottes Willen, alle Mühe anwendet, sich alles dessen, was Gott nicht ist, zu entledigen und zu entblößen. Alsdann teilt Gott der Seele das übernatürliche Leben mit. Wenn Gott diese allerhöchste Gunst einer Seele erweist, so tritt unter beiden eine solche Vereinigung ein, daß alles, was Gott eigen ist, und was der Seele gehört, durch teilnehmende Umgestaltung eines zu sein scheint.

Nicht nach dem Maß des eigenen Verstehens, Fühlens und Empfindens, sondern nach dem Grad der Reinheit der Seele wird die Lebensmitteilung und Erleuchtung Gottes, und die Vereinigung der Seele mit Gott größer oder kleiner sein: vollkommen in jeder Hinsicht wird sie aber ganz gewiß nie sein, so lange die Seele nicht durchgängig und allseitig geläutert und rein ist. Die Seele kann zwar nach ihrer größeren oder kleineren Fassungskraft zur Vereinigung mit Gott gelangen. Die Vereinigung tritt aber nicht bei allen in gleichem Grad ein. Sie geschieht gewöhnlich in dem Maß, wie es Gott gefällt, einer Seele diese Gnade zu verleihen. Hier findet ein gleiches Verhältnis statt, wie im Himmel unter den Seligen im Genuß Gottes. Einige schauen ihn vollkommen, andere weniger vollkommen und klar. Indessen schauen ihn doch alle, und sind dadurch vergnügt und selig; denn sie haben ihre Fassungskraft gefüllt nach Maß ihres größeren oder kleineren Verdienst.

Daraus läßt sich erklären, warum in diesem Leben schon eine Seele vor den übrigen einen bedeutenden Vorzug haben könne, wiewohl es mehrere gibt, die in ihrem Vollkommenheitszustand einer gleichen

Ruhe, und eines gleichen Friedens genießen, und mit ihrem Los vergnügt sind. Wer ein schärferes, und kunstgeübteres Aug hat, sieht größere Vollkommenheiten in einem ausgezeichneten Bild, als der, welcher ein solches Auge nicht besitzt. Der Vorzug ergibt sich allemal daraus, wenn eine Seele mehrere Stufen der Vereinigung erklommen hat. Jede ist aber gleichmäßig zufrieden nach Maß ihrer Befähigung, und der Kenntnis, die sie von Gott hat. Eine Seele, die keine so große Reinheit erringt, als die göttlichen Lebensmitteilungen und Erleuchtungen fordern, wird nie zu dem wahren Frieden gelangen, und wahrhaft vergnügt sein, denn sie hat jene Blöße und Entledigung nicht erreicht, die zu der reinen und einfachen Vereinigung mit Gott notwendig ist.

7. Kapitel.

Von der Reinigung der drei Seelenvermögen durch die drei theologischen Tugenden.

DAMIT die Seele mit Gott vereinigt werden könne, muß die dazu nötige Läuterung der Glaube im Verstand, die Hoffnung im Gedächtnis, und die Liebe im Willen bewirken. Sie darf sich nur auf diese drei Tugenden, die sie gänzlich entleeren, stützen. Denn, wie gesagt, die Seele wird im gegenwärtigen Leben mit Gott nicht verbunden durch irgendein Verständnis, durch irgendein Gefühl, durch irgendeine Empfindung oder Einbildung; sondern einzig und allein dem Verstand nach durch den Glauben, dem Willen nach durch die Liebe, und dem Gedächtnis nach durch die Hoffnung; denn der Hoffnung kann man, obschon sie übrigens ihren Sitz in dem Willen hat, auch in dem Gedächtnis einen Wirkungskreis anweisen, insofern sie ein Vergessen aller vergänglichen zeitlichen Dinge erzeugt, und die ganze Seele für das höchste Gut, welches sie hofft und erwartet, aufbewahrt. Der Glaube leert den Verstand von allem Vernunftdünkel aus; die Hoffnung entblößt das Gedächtnis von der unnötigen Erinnerung an alle vergänglichen Dinge und von dem Vertrauen auf sich selbst; und die Liebe zu Gott reinigt das Herz und den Willen von jeder Anhänglichkeit an sich selbst und an die Geschöpfe, Güter und Vergnügen der Welt. Denn der Glaube lehrt uns Wahrheiten, die von der menschlichen Vernunft nach ihrem natürlichen Licht nicht erfaßt werden können. Die Hoffnung setzt ihr Vertrauen auf die übernatürliche, göttliche Hilfe, und erwartet Güter und Genüsse, die alles Vergängliche übertreffen, und nie von dem Herzen eines Menschen verkostet worden sind. Die Liebe lehrt uns, Gott über alles zu lieben, und daher unsere Liebe von uns selbst und von allen erschaffenen Dingen losreißen, nach dem Ausspruch Jesu: *Wer nicht allem entsagt, was er*[14] *besitzt, der kann mein Jünger nicht sein.*[15] Wir müssen also, damit unsere Seele gereinigt werde, unsere Vernunft den Wahrheiten des Glaubens unterwerfen, das Gedächtnis von allem Selbstdünkel und von aller unnötigen Erinnerung an vergängliche Dinge entblößen, und den Willen mit der göttlichen Liebe entflammen.

8. Kapitel.

Von dem engen Weg, der zum Leben führt.

WIR wollen auf die Blöße und Lauterkeit der drei Seelenkräfte die Worte unseres Herrn anwenden: *Wie eng ist das Tor, und wie schmal der Weg, der zum Leben führt und wenige sind, die ihn finden!*[16] – Hier muß man wohl die Wichtigkeit des Wörtchens *Wie* beherzigen; denn das ist so viel, als hätte er gesagt: da ist in Wahrheit eine große Enge, eine größere, als ihr glaubt! Man muß ferner betrachten, daß er zuerst gesagt habe, schon das Tor sei eng, um dadurch anzudeuten, daß

---

[14] Mit Anhänglichkeit des Willens.
[15] Luc. 14, 33.
[16] Matth. 7, 14.

die Seele, wenn sie durch Christi Tor, das den Anfang des Weges aus-
macht, eingehen will, sich fürs erste zusammenzwängen, und durch die
Liebe Gottes über alles den Willen von sämtlichen sinnlichen und zeitlichen Dingen entblößen müsse. Dies gehört zur Reinigung der Seele in
Bezug auf die fünf Sinne, und die sinnlichen Neigungen, wovon oben
geredet worden.

Gleich danach spricht der Herr: der Weg, nämlich zur Vollkommenheit, die zum Eingang in den Himmel nötig ist, sei schmal. Dadurch
will er zu verstehen geben, daß wir, um die Wanderung zur Vollkommenheit zu beginnen, nicht nur durch ein enges Tor eingehen, und alles,
was mit den Sinnen eine Gleichförmigkeit hat, verleugnen, sondern auch
jedem geistigen Eigengesuch entsagen, uns hier gleichfalls mit Ernst
zusammenfassen, und bis zu der vollkommensten Lauterkeit von aller
Anhänglichkeit in Bezug auch auf geistige Gaben[17] uns loswinden müssen. Wir können daher jenen Ausspruch von dem engen Tor auf den
sinnlichen Teil, und diesen von dem schmalen Weg auf den geistigen und
vernünftigen Teil des Menschen anwenden. Weil Christus ferner den
Satz aufstellt, es gebe nur wenige, die diesen Weg finden; so müssen wir
den Grund dieser kleinen Zahl wohl ins Auge fassen. Er wollte sagen, daß
es gar wenige gibt, die sich dazu verstehen, in eine so gründliche und tiefe
Entleerung und Reinigung einzugehen. Der Pfad zu dem hohen Berg der
Vollkommenheit muß nebst dem, daß er schmal ist, auch aufwärts führen, und darum fordert er von denen, die ihn besteigen wollen, sie sollen
sich mit keinem schweren, niederwärts ziehendem Gepäck beladen,
damit sie von dem Aufsteigen zum Höheren nicht gehindert werden.
Weil diese Wanderschaft auch ein Geschäft ist, in welchem man Gott
allein beabsichtigt und gewinnt, darum darf man auch nur ihn suchen
und finden.

Daraus wird klar, daß die Seele nicht nur in Absicht auf die Geschöpfe
ganz entbunden und frei, sondern auch aller Anhänglichkeit an geistige

---

[17] Tröstungen, Erleuchtungen, Offenbarungen.

Gaben entäußert sein, und ohne irgendein fehlerhaftes Eigengesuch einhergehen müsse.

Um uns in diesen Weg einzuführen, lehrte der Herr also: *Wer mir nachfolgen will, der verleugne sich selbst, nehme sein Kreuz auf sich, und folge mir nach.*[18] Viele wähnen, es genüge schon, wenn man die Natur in Absicht auf weltliche Dinge verleugne, und es sei weiter nicht notwendig, auch die geistige Eingenommenheit, und das geistliche Sichselbstsuchen zu vernichten. Daher schaudern sie zurück, sobald ihnen Trockenheit des Geistes und Betrübnis begegnet, wie vor dem Tod, weil sie nur Trost, Süßigkeit, ergötzliche Mitteilungen, und eine gewisse Sättigung in Gott ängstlich suchen. Diese Naschhaftigkeit ist fern von der Selbstverleugnung. Sie suchen durch ihr Haschen nach geistlichen Tröstungen nur sich selbst in Gott. Wer aber Gott in Gott sucht, der entbehrt nicht nur alles gerne um Gottes willen, sondern tut sich auch Gewalt an, und neigt sich hin, um Christi willen gerade das zu wollen und zu wählen, was am wenigsten behagt, es mag dann von Gott oder von der Welt herkommen. Darin besteht auch die wahre Liebe Gottes. Sobald sich aber jemand unwandelbar dahin entschließt, daß er in allen Dingen um Gottes willen lauter Trübsal finden und ertragen wolle, sobald wird er wahrlich auch große, uneingeschränkte Erquickung und Beseligung des Gemüts darin finden. In dieser allgemeinen Verleugnung, wo er von allem nichts will, als den Willen Gottes, wird er es vermögen, seine Wanderung zu vollenden.

Mein herzlicher Wunsch wäre, geistliche Personen innigst davon überzeugen zu können, daß der Weg zu Gott nicht in vielen Betrachtungen, auch nicht in gewissen Weisen oder süßen Empfindungen der Andacht liege – wiewohl so etwas den Anfängern notwendig ist –; sondern nur in dem einen Notwendigen bestehe, daß sie sich ernstlich dazu entschließen, sich nach dem Äußeren und Inneren gänzlich zu verleugnen, jedem Leiden um Christi willen sich hinzugeben, und in

---

[18] Marc. 8, 34.

allen Stücken sich selbst zu vernichten. Der wahre Fortgang auf dem geistlichen Weg wird nirgendwo gefunden, als in der Nachfolge Christi.

Es ist keinem Zweifel unterworfen, daß Christus in Hinsicht des sinnlichen Teils die ganze Zeit seines allerheiligsten Lebens geistlich, in seinem Tod aber natürlich abgestorben war. So lang er lebte, hatte er, wie er selbst sagte, kein Plätzchen, sein Haupt anzulehnen: *Der Sohn des Menschen hat nicht, wo er sein Haupt hinlege*[19]: vielweniger hatte er es, da er starb.

In Hinsicht des anderen Teils am Menschen, über den eine geistige Verleugnung und Abtötung ergehen muß, darf niemand zweifeln, daß Christus selbst im Tod verlassen und der Seele nach wie vernichtet gewesen sei. Deswegen rief er laut am Kreuz: *Mein Gott, mein Gott! Warum hast du mich verlassen?*[20] Das war auch die größte Verlassung im sinnlichen Teil, die er je in seinem Leben gehabt hatte. Daher brachte er auch damals unter allen Werken, die er im Verlauf seines ganzen Lebens durch erstaunliche Kraftäußerungen und Wunder vollzogen hatte, das allergrößte zustande, nämlich die Versöhnung und Verbindung des menschlichen Geschlechts mit Gott durch die Gnade. In dem Augenblick, wo der Herr nach dem Urteil der Menschen am tiefsten vernichtet war, wurde dieses Werk vollbracht. Da er starb, vernichtete er sich gewissermaßen in der Natur. Auch ward er in Hinsicht des väterlichen Trostes und Schutzes im Geist wie vernichtet; denn zu jener Zeit war er von dem Vater verlassen, damit er rein und nach strenger Gerechtigkeit die Schuld bezahlen, und so gleichsam in der Auflösung zu einem Nichts die ganze Menschheit mit Gott innig verbinden könnte. Daraus soll der wahre Geistliche das Geheimnis von dem Tor und schmalem Weg Christi verstehen lernen, worauf man die Vereinigung mit Gott erringt. Je mehr man sich nach den zwei Teilen, nämlich nach dem sinnlichen

---

[19] Matth. 8, 20.
[20] Matth. 27, 46.

und geistigen, verleugnet, desto inniger wird man mit Gott vereinigt werden.

9. Kapitel.

Von den möglichen Nachteilen übernatürlicher Erscheinungen, Erleuchtungen, Tröstungen etc., die dem Verstand durch die körperlichen Sinne zukommen, und wie man sich dabei zu verhalten habe.

DIE körperlichen Sinne sind bekanntlich das Gesicht, Gehör, der Geschmack, der Geruch, das Gefühl. Es können sich Fälle ereignen, wo in allen diesen Sinnen geistlichen Personen verschiedene Vorstellungen und Gegenstände angeboten werden. Dem Gesicht stellen sich manchmal Personen aus dem anderen Leben vor, Heilige oder Engel, gute und böse, gewisse Lichter oder ein außerordentlicher Glanz. Mit dem Gehör vernehmen manchmal solche Personen ungewöhnliche Worte, die entweder von den gesehenen Personen gesprochen werden, oder man sieht gar nichts von denen, die sie hervorbringen. Mit dem Geruch ziehen sie, manchmal sehr empfindlich, die lieblichsten Düfte ein, ohne zu wissen, woher sie kommen. Durch das Gefühl empfinden sie manchmal solche Tröstungen, daß alles Mark und Gebein des Körpers frohlockt, und sie wie in einem Strom der Freude schwimmen. Dieses Freudengefühl hat einige Ähnlichkeit mit dem, was die im inneren Leben geübten Lehrer *Geistessalbung* nennen. Diese Vergnügen in den Sinnen strömen gewöhnlich aus der empfindlichen Geistesandacht frommer Menschen mehr oder weniger hervor, bei jedem nach Art seines Affekts.

Es ist aber wohl zu merken, daß man den sämtlichen gemeldeten Gefühlen und Empfindungen, obgleich sie durch göttliche Wirkungen den leiblichen Sinnen beigebracht werden können, nie recht trauen oder sie auf irgendeine Art annehmen dürfe; sondern man muß ihnen vielmehr gänzlich ausweichen, und wenn man sie nicht verhindern kann, sie so wenig achten, daß man nicht einmal untersucht, ob sie gut oder böse seien. Je mehr sie äußerlich und körperlich sind, desto ungewisser ist es, ob sie von Gott kommen. Es ist ja Gott eigen, daß er sich mehr dem Geist als dem Sinn mitteilt. Hierin ist die größte Sicherheit für die Seele. In Gefühlen findet sich meistenteils große Gefahr und Täuschung; denn da wirft der körperliche Sinn sich zum Schiedsrichter über geistliche Dinge auf, und verfällt in den Wahn, geistige Dinge seien wirklich so, wie er sie empfindet. Und doch waltet hier ein so großer Unterschied ob, wie zwischen Leib und Seele, zwischen der Sinnlichkeit und der Vernunft. Wer solche Dinge für etwas Großes achtet, der wird gewöhnlich sehr betrogen, und setzt sich großer Gefahr aus, getäuscht zu werden; in jedem Fall zieht er sich selbst ein beträchtliches Hindernis zu, weswegen er mit geringerem Erfolg nach geistigen Dingen strebt. Man soll immer fürchten, daß Dinge, welche der Seele durch die leiblichen Sinne zukommen, mehr vom Teufel als von Gott herkämen. Denn der Teufel maßt sich eben über das, was der Hauptsache nach äußerlich und leiblich ist, ein größeres Recht an, und in diesen Dingen kann er leichter Fallstricke legen und betrügen, als in denen, die der Hauptsache nach inwendig sind. Ferner bringen die leiblichen Gegenstände und Empfindungen dem Geist und inneren Menschen um so weniger Nutzen, je mehr sie äußerlich sind, und zwar wegen der weiten Entlegenheit der geistigen Dinge von den leiblichen, und wegen der unbedeutenden Ähnlichkeit, die sie zusammen haben. Wenn schon in dem Geist einiger Eifer und etwas Andacht daraus entspringt – wie es allezeit geschieht, wenn Gott der Urheber ist, – so hat dies doch so viel weniger zu bedeuten, als wenn die Dinge mehr geistig gewesen, und im Inneren vorgegangen wären. Deswegen führen auch sinnliche Gefühle der Andacht gar schnell Irrwahn, Anmaßung und Eitelkeit in die Seele ein; denn sie regen die Seele mit großer Macht auf, weil sie sehr greiflich und materiell sind. Nun meint die Seele leicht, sie seien um so erhabener und größer, je mehr sie auf die Sinne Eindruck machen. In dem Wahn, jenes Licht oder jene Wahrnehmung sei ihr ein Leitstern oder ein Mittel zur Erreichung der so hocherwünschten Sache, nämlich zur Vereinigung mit Gott, folgt sie dann dem falschen Licht, und verirrt sich um so weiter von dem richtigen Pfad, vom Weg des Glaubens, je höher sie ihre sinnlichen Erfahrungen achtet. Wenn ferner die Seele so außerordentliche Erfahrungen macht, schleicht sich oft eine gewisse, heimliche Hochachtung ihrer selbst ein; sie meint nun vor Gott schon etwas zu sein. Dies ist aber der Demut entgegen. Der arglistige Teufel versteht die schlimme Kunst, in die Seele heimliche, ja manchmal offenbare Selbstgenügsamkeit zu schieben. Deswegen bietet er den äußeren Sinnen oft solche Gegenstände an, z. B. dem Auge einen schönen Glanz und Erscheinungen der Heiligen; dem Gehör flüstert er schmeichelhafte Worte ein, kitzelt den Geruch mit Wohlgerüchen, den Mund mit Süßigkeiten, und das Gefühl mit angenehmen Empfindungen, um so die Sinnlichkeit anzuködern, und dann den ganzen Menschen in schwere Übel zu stürzen.

Man muß daher solche Erscheinungen, Gefühle und Empfindungen allezeit von sich weisen. Sollten auch einige von Gott kommen[21], so wird die Seele Gott nicht beleidigen, und von der heilsamen Wirkung nichts verlieren, die er dabei beabsichtigt, wenn sie solche Dinge nicht achtet. Der Grund davon ist folgender: Wenn irgendeine körperliche Erscheinung[22] oder Wahrnehmung durch einen besonderen Sinn, so wie jede andere, noch so innige Mitteilung, von Gott herkommt; so bringt sie in eben dem Augenblick, wo sie wahrgenommen wird, im Geist schon die beabsichtigte Wirkung hervor. Diese gestattet es schon nicht, daß die Seele darüber nachdenken oder einen Entschluß fassen könne, ob sie die außerordentliche Mitteilung annehmen oder von sich weisen wolle. Denn wie Gott dieselbe auf übernatürliche Weise ohne Zutun der Seele

---

[21] Zur Stärkung der Schwachen.
[22] Eines Engels oder Heiligen.

beginnt, so bringt er auch ohne ihre Mitwirkung die beabsichtigte Frucht hervor; denn die Wirkung geht im Geist vor, und dieser verhält sich dabei bloß leidend. Daher liegt es nicht in der Zustimmung oder Weigerung der Seele, ob die Wirkung einer außerordentlichen Mitteilung hervorgebracht werde oder nicht. Wirft man auf einen nackten Menschen Feuer, so liegt wenig daran, ob er gebrannt werden wolle oder nicht: das Feuer wird seine Wirkung dennoch ungehindert machen. Und so bringen auch die guten Erscheinungen und Vorstellungen ihre Wirkung nicht in dem Körper hervor, sondern zunächst an der Seele, wenn diese sich auch dagegen sträubt. Diejenigen aber, welche vom Teufel herkommen, erzeugen, wenn ihnen die Seele auch nicht beistimmt, eine gewisse Beunruhigung im Geist, ein stürmisches Unwesen, eine Trockenheit, ja auch Eitelkeit und Vermessenheit. Sie sind aber zum Schadenstiften nicht so wirksam, wie die göttlichen zur Beförderung des Guten in der Seele; denn die Wirkungen des Teufels reichen kaum bis zu den ersten Bewegungen, und können den Willen, wenn er sie verschmäht, nicht weitertreiben. Auch dauert die in der Seele gestiftete Unruhe[23], nicht lange. Nur dann würde sie längere Zeit verspürt werden, wenn die Seele eine Unbehutsamkeit oder Kleinmütigkeit sich zuschulden kommen ließe.

Dagegen dringen die göttlichen Wirkungen[24] in das Mark der Seele, und erzeugen in ihr Antriebe mit kräftiger Aufregung und siegreicher Beseligung, wodurch sie zu einer freien und liebreichen Einwilligung in das Gute gestimmt, und dazu gestärkt wird. – Wenn aber die Seele die genannten außerordentlichen Dinge gerne annimmt, und ihnen allzusehr nachhängt: so entstehen folgende sechs Nachteile auch in dem Fall, daß sie von Gott kommen.

Erstens vermindert sich die vollkommene Geistesfassung, in welcher man sich durch den Glauben regiert.

---

[23] Wenn der Mensch außerordentliche Dinge nicht achtet.
[24] Auch wenn man außerordentliche Gaben nicht achtet.

Zweitens wird, wenn die Seele sich bei den genannten sinnlichen Empfindungen und Erscheinungen aufhält, und sie nicht verleugnet, der Geist gelähmt und schwerfällig, weil der Glaube geschwächt wird.

Drittens bekommt die Seele zu solchen Dingen immer mehr Lust, daß sie daran hängen bleibt, und nicht weiter nach der wahren Hingebung und Blöße des Geistes strebt.

Der vierte Nachteil ist, daß sie allmählich die Wirkung jener von Gott kommenden, außerordentlichen Dinge, und den Geist, welchen sie in dem inneren Menschen erzeugen, verliert, weil sie die inneren Augen nur auf das richtet, was in die Sinne fällt, und nicht auf den Geist, die beabsichtigte Wirkung, wenn sie von Gott sind, die um so mehr erfolgt, je mehr man alles von dem reinen Geist unterschiedene Sinnliche verleugnet.

Fünftens verliert die Seele selbst diese göttlichen außerordentlichen Gaben, weil sie keinen gehörigen Gebrauch davon macht, und dieselben mit schädlicher Anhänglichkeit hinnimmt. Denn sucht man sich selbst dabei, und bedient man sich ihrer nicht zum geistlichen Nutzen, so ist das ebenso viel, als wenn man dieselben sich selbst zuschreibt, sich dabei gefallen, und den eigenen Willen mit allem Fleiß darin vergnügen will; und dazu werden sie von Gott gewiß nicht verliehen. Geschieht so etwas, dann schmeichle man sich ja überhaupt nicht, daß die außerordentlichen Dinge von Gott herkommen.

Sechstens öffnet die Seele eben dadurch, daß sie dergleichen Dinge annehmen will, dem Teufel einen Zugang, daß er sie mit anderen ähnlichen betrügen kann, denn er weiß solche Dinge nachzuäffen, und so auszuschmücken, daß sie einen hohen Grad der Wahrscheinlichkeit erhalten. Sagt doch der Apostel selbst, *Satan könne sich in einen Engel des Lichts verstellen.*[25]

Deswegen ist es für die Seele heilsam, wenn sie außerordentliche Dinge *mit geschlossenen Augen*, wie man zu sagen pflegt, verschmäht und von

---

[25] 2. Kor. 11, 14.

sich weist, sie mögen kommen, woher sie wollen, um durch ein entgegengesetztes Benehmen dem Teufel nicht die Gewalt einzuräumen, sie durch falsche betrügen zu können. Nicht genug! Die von dem Teufel herrührenden Erscheinungen, Offenbarungen etc. könnten sich so weit vervielfältigen, und die von Gott gewirkten könnten so aufhören, daß zuletzt alles auf Teufelei hinausliefe, und von Gott nichts mehr übrig bliebe. Solches ist schon manchen, unbehutsamen und unverständigen Seelen widerfahren, die dergleichen Dinge zuversichtlich annahmen, und so steif dabei blieben, daß man große Mühe hatte, um sie zu Gott in der Reinheit des Glaubens zurückzubringen. Sehr viele aus ihnen kehrten, leider, nie wieder zurück, so tief hatte sich der Teufel in ihnen eingenistet. Deswegen ist es am besten geraten, wenn man allen außerordentlichen Dingen den Zugang verschließt, und sich ohne Unterschied davor fürchtet. Gewisse, seltene Fälle machen zwar hier eine Ausnahme; diese muß man aber von einem gelehrten und erfahrenen Geistlichen prüfen lassen, und dann darf man sie gleichsam nur gegen seinen Willen annehmen.

10. Kapitel.

Von der Reinigung der Seele, von geistlichen Bildern in der Einbildungskraft oder Phantasie zur gehörigen Zeit, und Kennzeichen derselben.

EHE wir von den Erscheinungen in der Phantasie oder Einbildungskraft Untersuchungen anstellen, fordert es die Ordnung, zuvor von den Erfassungen dieses inneren Sinnes zu handeln. Die Gegenstände, welche durch den körperlichen Sinn der Einbildungskraft oder Phantasie aufgefaßt werden, können übernatürliche aus der Geisterwelt, oder natürliche sein. Hier ist von diesen die Rede. Die Phantasie oder Einbildungskraft stellt bei der Betrachtung dem Geist religiöse

Bilder aus der Sinnenwelt vor, z. B. den Gottmenschen in seinem Leben, Leiden und Sterben. Anfängern[26] sind dergleichen Betrachtungen notwendig, um durch selbe die Seele in der Liebe zu entzünden, und zu erhalten, als ein entfernteres Mittel, sich mit Gott zu vereinigen, und zur Geistesruhe zu gelangen. Gott will aber die Seelen, wenn sie in der Betrachtung sich hinreichend geübt haben mit allem Fleiß, um ihm dadurch so nahe wie möglich zu kommen, in der Folge zu Gütern ziehen und leiten, die mehr innerlich und geistig sind. Zu dieser Zeit geraten aber einige geistliche Personen auf sehr gefährliche Abwege. Sie wollen den Betrachtungsweg nicht verlassen, wenn Gott ihre Seele zu sich ziehen, und in den Zustand versetzen will, wo sie mit liebeatmender Aufmerksamkeit auf ihn in stiller Geistesruhe verharren sollten. Sie wenden ihm den Rücken, schöpfen den Mut nicht, und geben sich alle mögliche Mühe, wieder in ihre alte Gewohnheit zu kommen, durch förmliche Betrachtungen, wie zuvor, ihr Werk zu treiben, in der Meinung, es müsse immer so sein. Sie haben dabei große Mühe auszustehen, und gewinnen doch wenig oder gar nichts. Die Trockenheit, die Unruhe und Ermüdung nimmt in ihrem Inneren um so mehr zu, je ängstlicher sie sich um die Wiedererlangung jener ersten Behaglichkeit, jenes ersten Vergnügens in der Betrachtung und anderen dergleichen Gebetsweisen abarbeiten. Denn ihre Seele sehnt sich, je mehr sie im Geist Fortgang gewinnt, nach einer mehr innerlichen und weniger sinnlichen Speise, nach einer Nahrung, die nicht mehr in der Anstrengung der Einbildungskraft, sondern darin besteht, daß sie in einfacher Liebesaufmerksamkeit auf Gott ruhe. Denn er flößt der Seele still und friedsam Weisheit und liebeatmende Kenntnis ein ohne allzugroßen Unterschied, Ausdruck oder Vervielfältigung der Akte, obschon er zuweilen macht, daß sie eine Zeitlang deutlich und ausdrücklich in der Seele geschehen. In diesem Zustand hat die Seele weiter nichts zu tun, als liebreich auf Gott

---

[26] So wie auch schon Vollkommenen zu verschiedenen Zeiten, da sich der Mensch in diesem Leben nicht immer auf gleicher Höhe der Geistessammlung erhalten kann.

zu merken, und keine anderen Akte hervorzubringen, als die, wozu sie sich durch ihn ermahnt und bewogen fühlt. Hier darf die Seele nicht ängstlich und mit Anhänglichkeit auf Trost und Andachtseifer Bedacht nehmen. Denn hier ist es notwendig, daß der, welcher auffaßt[27], sich nach der Weise dessen verhalte, was er auffaßt, und nicht nach einer anderen, damit er dasselbe gerade so auffassen und behalten kann, wie es ihm dargereicht wird. Die Seele würde daher, wenn sie nicht, ohne das vorige Nachsinnen, sich sehr ruhig und still durch eine liebreiche Aufmerksamkeit verhielte, die Gnaden verhindern, welche ihr Gott in jener liebreichen Kenntnis mitteilt. Anfänglich werden ihr diese Gnaden in der Läuterungsübung[28], in der Folge aber unter der größeren Wonne der Liebe gespendet. Das, was die Seele in diesem Zustand wahrnimmt, ist eine gewisse Losreißung und Entfremdung von allen Dingen, die bald größer, bald kleiner ist, eine Liebessehnsucht nach Gott, eine Geneigtheit zur Einsamkeit, und ein Ekel an den Geschöpfen und weltlichen Dingen. Es ist daher, bei dieser liebevollen Aufmerksamkeit auf Gott und seine Gnadeneinflößungen, weder der Verstand, noch der Wille ganz müßig. Innerlich oder in Beziehung auf Gott ruhig aufmerksam, sind sie nach außen tätig, um alles wahrzunehmen und zu entfernen, was den Frieden der Seele stören könnte. Da Gott Licht, Liebe und Friede ist, so nimmt die Seele in diesem Zustand der inneren Aufmerksamkeit ihn auch als Licht, Liebe und Friede wahr, und entsagt immer mehr jedem Wissen ohne Licht des Glaubens, jeder Liebe und jedem Trost im vergänglichen, und vervollkommnet sich dadurch immer mehr in der Erfüllung des großen Gebots der Liebe, welches vorschreibt, Gott über alles zu lieben. Es ist daher die Besorgnis einer müßigen, gefährlichen Ruhe in Gott ganz grundlos.

Damit aber die Lehre, von welcher hier gehandelt wird, nicht dunkel und verwickelt bleibe, wird es schicklich und notwendig sein, daß hier

---

[27] Was Gott der Seele mitteilt.
[28] In der Geistesdürre.

zugleich deutlich auseinandergesetzt werde, zu welcher Zeit man füglich die nachsinnende Tätigkeit, die Betrachtung und andere dergleichen Gebetsweisen, aufgeben dürfe, damit man sie nicht etwa früher oder später aufgebe, als es der Geist erfordert. Denn wie es eine Zeit gibt, wo es heilsam ist, durch Betrachtung göttlicher Wahrheiten die Bilder zeitlicher, weltlicher und natürlicher Dinge aus der Seele zu entfernen, und sie durch geistliche Bilder zur Liebe Gottes zu entflammen: so gibt es auch eine Zeit, wo es noch heilsamer ist, auch diese Beschäftigung zu unterlassen, was man aus folgenden Kennzeichen erkennt.

Das erste ist, wenn man gar nicht mehr betrachten und von der Einbildungskraft Gebrauch machen kann. Solang man aber mehr nachdenken, und darin eine Geisteserhebung wahrnehmen kann, darf man die Betrachtung nicht aufgeben, außer etwa, wenn die Seele sich in stiller Ruhe festgesetzt hat, und zwar in einer solchen, von welcher in dem dritten Kennzeichen gehandelt wird.

Das zweite Kennzeichen ist, wenn man bemerkt, daß man kein Verlangen, keine Neigung zur Betrachtung habe, und daß der Wille sich sträubt, die Aufmerksamkeit auf besondere Dinge zu wenden und sich damit zu beschäftigen, sie mögen äußerer oder innerer Art sein. Ich rede hier nicht von der Ausschweifung der Einbildungskraft, die bald kommt, bald geht; denn sie schweift gewöhnlich auch zur Zeit einer großen Einsammlung gerne bald da, bald dort herum: sondern ich rede nur von dem Fall, wo es der Seele nicht willkommen ist, sie in anderen Dingen mit Fleiß zu beschäftigen.

Das dritte und sicherste Kennzeichen unter den genannten ist, wenn die Seele eine Lust empfindet, allein zu bleiben mit einer liebeatmenden Aufmerksamkeit auf Gott.[29] Die Seele begnügt sich mit einer allgemeinen, liebeatmenden Erkenntnis und Aufmerksamkeit ohne Beschäftigungen des Gedächtnisses, Verstandes und Willens.

---

[29] Oder auf eine religiöse Wahrheit, wozu die Betrachtung Veranlassung gibt, wenn eine übernatürliche Erleuchtung dabei erfolgt.

Diese drei Kennzeichen muß man aber zugleich in sich wahrnehmen, wenn man mit Sicherheit es wagen darf, den Stand der Betrachtung aufzugeben, und in den Geistesweg der Beschauung[30] einzutreten. Das erste Zeichen reicht nicht hin ohne das zweite; denn es könnte der Fall sein, daß die Schwierigkeit oder Unmöglichkeit, die Einbildungskraft mit göttlichen Wahrheiten zu beschäftigen und, wie vorher, zu betrachten, von der eigenen Zerstreuung und zu geringen, darauf verwendeten Sorgfalt herkäme. Deswegen muß man auch das zweite Kennzeichen in sich wahrnehmen, daß man nämlich keine Neigung, kein Verlangen mehr habe, an andere, fremde Dinge zu denken. Denn sobald jemand wegen der Zerstreuung und Lauigkeit des Geistes den Sinn und die Einbildungskraft nicht mehr auf göttliche Dinge richten und darin festhalten kann, sobald wünscht er, unverzüglich auf verschiedene, abweichende[31] Dinge sich zu werfen und darin sich aufzuhalten. Diese sind es auch, die ihn bewegen, göttliche Dinge aufzugeben.

Es ist aber zugleich nötig, nebst dem ersten und zweiten auch das dritte Kennzeichen wahrzunehmen. Denn es wäre auch der Fall möglich, daß die Unmöglichkeit und Abneigung zur Betrachtung aus einer Melancholie oder verdorbenen Feuchtigkeit herkäme, die Hirn und Herz einnimmt, und gewöhnlich im Verstand eine gewisse Dummheit, Blödsinnigkeit hervorbringt, welche macht, daß man gar nichts denkt, will, an keiner Betrachtung Vergnügen findet, sondern in jener Betäubung oder Gedankenlosigkeit behaglich zu bleiben verlangt. Gegen alles dieses muß man das dritte Kennzeichen wahrnehmen, nämlich die liebeatmende Kenntnis und Aufmerksamkeit im inneren Frieden, in der inneren stillen Ruhe. Anfänglich, wo dieser Beschauungszustand beginnt, kann man diese liebreiche Einsicht aus zwei Ursachen nicht genau unterscheiden. Erstens, weil sie gewöhnlich in den Anfängen sehr fein und gleichsam unwahrnehmbar ist. Zweitens, weil die Seele, an

---

[30] Des Ruhegebets.
[31] Irdische.

verschiedene, mehr durch die Sinne wahrgenommene Betrachtungsübungen gewöhnt, diesen neuen, rein geistigen Zustand nicht bemerkt und gleichsam nicht versteht. Dies ist besonders dann der Fall, wenn man aus Unkenntnis des neuen Standes sich nicht darin beruhigt, sondern angestrengt sich mit Dingen beschäftigt, die mehr sinnlicher Art sind. Obschon nun der innere und liebevolle Friede reichlicher als diese Anstrengung ist, so entsteht doch ein Hindernis daraus, welches nicht gestattet, daß man den Seelenfrieden wahrnimmt und ihn genießt. Je mehr aber die Seele sich fügt und zur Ruhe begibt, desto mehr und weniger wird sie durch die Erfahrung jene allgemeine, liebeatmende und erquickende Erkenntnis Gottes erfassen; denn sie bringt in ihr hervor Liebe, Friede und Beseligung ohne Anstrengung.

Das Gesagte wird noch deutlicher, wenn man beherzigt, daß ja das Ziel und Ende der Betrachtung göttlicher Wahrheiten kein anderes ist, als in der Seele die Erkenntnis und Liebe Gottes, welche den inneren Frieden mit sich führen, hervorzubringen. Zuweilen versetzt Gott die Seele ohne viele vorhergegangene Betrachtungsakte unverzüglich in die genannte Beschauung.[32] Die Seele trinkt, sobald sie[33] zu beten anfängt, mit ungemeiner Wonne und ohne Anstrengung, gleich einem, der schon Wasser bei der Hand hat, und bedarf der Wasserleitung jener vorigen Betrachtungsweisen nicht mehr. Sobald sie sich nur in die Gegenwart Gottes stellt, versetzt sie sich auch in einen Akt der nicht überlegenden, sondern liebeatmenden, friedsamen und ruhigen Kenntnis Gottes. In diesem Akt, Zustand, trinkt sie mit starken Zügen Licht, Liebe und Friede. In diesem Genuß des Friedens kommt es ihr schwer an, wenn sie zum Nachsinnen über besondere Kenntnisse angehalten wird, was sie ja auch in diesem Zustand nicht bedarf, da sie ohnehin schon durch Erkenntnis in der Liebe Gottes brennt und selig ruht in der liebreichen Aufmerksamkeit auf ihn.

---

[32] Liebevolle Aufmerksamkeit.
[33] Durch Versetzung in die Gegenwart Gottes.

Dieses Beschauungs- oder Ruhegebet wird eine liebeatmende und allgemeine Erkenntnis genannt, weil der Verstand vom göttlichen, ihm unbegreiflichen Licht erleuchtet, und der Wille durch dies göttliche Licht mit Liebe und Friede erfüllt wird. Sobald von der durch die Liebe verwundeten Seele das abfällt, was ihr natürlich ist, wird ihr auf der Stelle auf übernatürliche Weise das eingegossen, was göttlich ist, weil Gott nie das Leere stehenläßt, ohne es auszufüllen. Wenn daher ein geistig gesinnter Mensch nicht betrachten kann, so lerne er, dem Verstand nach, mit einer liebreichen Aufmerksamkeit im Frieden zu Gott gerichtet zu bleiben, wenn es ihm auch scheint, er sei müßig. Denn so wird allmählich und unverzüglich göttliche Ruhe und göttlicher Friede mit wunderbaren, erhabenen, in die göttliche Liebe eingewickelten Kenntnissen Gottes in seine Seele gegossen werden. – Schließlich ist noch zu bemerken, daß diese Beschauungskenntnis oder liebevolle Vereinigung mit Gott in diesem Leben kein bleibender Zustand ist, sondern besonders Anfänger oft ihre Zuflucht zur Betrachtung wieder nehmen müssen.

11. Kapitel.

Von der Reinigung der Seele, von übernatürlichen Bildern der Phantasie oder Einbildungskraft.

ALLE Gegenstände, Bilder und Gestalten, welche die Phantasie oder Einbildungskraft durch die fünf Sinne empfängt, kann sie auch unmittelbar vom Geisterreich empfangen, um sie dem Verstand vorzuführen, der von ihnen Einsicht nimmt, und sie beurteilt. Wie also die fünf äußeren Sinne die Bilder und Gestalten geistlicher Gegenstände der Phantasie oder Einbildungskraft vorstellen: so können die nämlichen Bilder ohne die äußeren Sinne noch lebhafter und vollkommener durch übernatürliche Wirkung Gottes, der Heiligen und guter und böser Engel in der Einbildungskraft vorgestellt werden. Denn auch der Teufel bestrebt sich, die Seelen durch anscheinend gute Erscheinungen und Vorstellungen zu betrügen, wie man in den heiligen Schriften und in den Leben der Heiligen liest.

Der Sinn der Einbildungskraft und Phantasie ist es, in welchem der hinterlistige Teufel sehr oft seine Kräfte und Tücke entfaltet; denn dieser Sinn ist gleichsam eine Tür zu der Seele, und der Verstand läßt da, wie in einem Seehafen, die angebotenen Waren entweder einlaufen oder nicht. Deswegen landen hier Gott und der Teufel mit ihren Bildern und Gestalten an, um sie dem Verstand anzubieten. Von den Kennzeichen zur Unterscheidung wahrer und falscher Vorstellungen und Erscheinungen ist später die Rede.

Hier stelle ich nur den Grundsatz auf, der Verstand dürfe sich in keine der genannten Erfassungen oder übernatürlichen Vorstellungen verwickeln. Was nur immer sich unter irgendeiner Gestalt, einem Bild oder sonderlicher Offenbarung anbietet, es mag dann falsch sein und vom Teufel herkommen, oder auch wahr sein und nach richtigen Merkmalen von Gott ausfließen: das bleibe ihm fremd; er mische sich nicht darein, und suche in demselben keine Nahrung für sich. Die Seele darf solche Dinge weder annehmen, noch sich darin festsetzen wollen, damit sie frei und rüstig, bloß und lauter, und ohne irgendeine angenommene Weise so einfältig sein könne, wie es zu der Vereinigung mit Gott erfordert wird. Weil Gott mit keinem Bild, mit keiner Form begriffen wird, und unter kein sonderliches Verständnis fällt, so darf sich auch die Seele in keine Form, und in kein besonderes Verständnis einengen, wenn sie mit Gott vereinigt werden will. Denn Gott teilt sich in der lauteren und bloßen Wesenheit der Seele durch den Willen[34] mit, der gleichsam der Seelenmund in der Liebe Gottes ist. Deswegen muß die Seele, um zu dieser so vollkommenen Vereinigung gelangen zu können, es sorgfältig vermeiden, sich auf außerordentliche Vorstellungen, Erscheinungen oder besondere Verständnisse zu stützen, da ihr dieselben nie als das

---

[34] Wenn er seine Gebote hält.

verhältnismäßige und nächste Mittel zu diesem Zweck dienen können. Sie werden ihr vielmehr zum Hindernis sein; und deswegen soll sie dieselben von sich weisen, und die möglichste Vorsicht anwenden, daß ihr keine widerfahren. Dürfte man sie auf irgendeinen Fall annehmen, so müßte das des Nutzens und der Frucht wegen geschehen, wenn sie wahrhafter Art sind. Die Annahme ist aber auch da nicht unbedingt notwendig, ja, man muß sie vielmehr allezeit verweigern, damit sie desto mehr nützen. Denn das sämtliche Gute, welches die übernatürlichen Erscheinungen, Erleuchtungen, Tröstungen hervorbringen können, besteht, wie bei jenen durch die fünf Sinne, darin, daß die Seele, dadurch Erkenntnis, Liebe und Friede empfängt. Zur Hervorbringung dieser Wirkungen wird aber nicht erfordert, wie schon oben bei den genannten außerordentlichen Gaben, die durch die fünf Sinne der Seele mitgeteilt werden, dargetan wurde, daß sie dergleichen Dinge annehmen wolle. Denn werden sie der Einbildungskraft angeboten, so machen sie, wie schon oben bemerkt wurde, auf der Stelle ihre Wirkung, und gießen in die Seele ein solches Verständnis, eine solche Liebe und Wonne ein, wie sie Gott hervorbringen will. Die Seele kann diese Wirkung nicht hindern, wie es auch nicht in ihrer Macht lag, mit eigenem Vermögen und Wissen sie zu erringen, obschon sie sich zuvor darum, durch ihre Vorbereitung zu einer solchen Wirkung, bemühte. Die Seele ist einem Glas gleich, das sich gegen den Sonnenstrahl nicht wehren kann, wenn er es durchleuchten will. So kann auch der Wille die übernatürlichen Eingießungen nicht abhalten, wenn er sich auch dagegen wehrt. Daraus erhellt offenbar, daß die Seele sich jener außergewöhnlichen Mitteilungen und der Früchte, die sie hervorbringen, nicht verlustig mache, wenn sie sich der Neigung und dem Willen nach, durch Nichtannehmenwollen derselben, von den Makeln der Erfassungen, Bilder und Gestalten entblößt, in welche die gemeldeten geistlichen Mitteilungen eingewickelt sind. Je mehr sie dieses tut, desto mehr kommt sie in die rechte Verfassung, dieselben in größerer Reichhaltigkeit, Klarheit, Geistesfreiheit und

Einfalt zu empfangen. Wenn man aber in solchen außerordentlichen Dingen Nahrung sucht, dann nehmen sie den Sinn und Geist so ein, daß das Geistige sich der Seele nicht frei und einfach mitteilen kann.

Hier dringt sich die Frage auf: Wenn mit ihnen so leicht Fortgangshindernisse und so viele Gefahren verbunden sind, warum sie Gott dennoch verleiht, da für alle der Glaubensweg zur Erlangung des Heils hinreichend ist?

In der unendlichen Liebe und Weisheit Gottes, und in der besonderen Auserwählung schwacher Seelen liegt der Grund, warum Gott einigen Seelen übernatürliche Erscheinungen, besondere Offenbarung und Erleuchtungen verleiht, wodurch er sich, wie einst bei Saulus, zu ihren Schwachheiten und Bedürfnissen herabläßt, wie Christus zu seinen Zeitgenossen, um sie durch seine Wunder und Weissagungen zum Glauben an ihn zu bewegen. Obgleich alle Menschen zur Seligkeit berufen, und die Lehr- und Heilsanstalten seiner Kirche zur Auserwählung aller genügend sind: so läßt er sich doch noch in seiner unendlichen Liebe zu den besonderen Bedürfnissen, die nur seine Weisheit kennt, jener, die er besonders liebt, herab, um sie nach der ihnen nötigen Weise zur Erlangung der Seligkeit zu vervollkommnen.

Indem sich Gott nach der Fassungskraft eines jeden richtet, und die Erkenntnis von den Sinnen abhängt: so macht er von der untersten Stufe der Sinne den Anfang, um die Seele so allmählich, nach ihrem Bedürfnis, zu dem Ziel seiner geistigen, unter keinen Sinn fallenden Erkenntnis hinaufzuführen. Deswegen beginnt er zuerst die Vervollkommnung des körperlichen Sinnes, indem er ihn bewegt, von den äußeren Gegenständen einen guten Gebrauch zu machen, z. B. die heilige Messe und Predigt zu hören, heilige Gegenstände zu betrachten, die Gaumenlust abzutöten, und den Sinn des Gefühls mit Bußwerken im heiligen Ernst zu betäuben. Wenn nun diese Sinne einigermaßen in gehörige Ordnung gebracht und vorbereitet sind, führt Gott die Seelen gewöhnlich zu noch höherer Vollkommenheit durch Verleihung einiger

übernatürlicher Gnaden und Tröstungen, um ihnen dadurch die Welt-
vergnügen noch mehr zu verleiden, und sie im guten zu befestigen. Er
läßt ihnen etwa auch einige übernatürliche Mitteilungen zukommen, z.
B. körperliche Erscheinungen von Heiligen oder heiligen Dingen, sehr
angenehme Gerüche und Ansprachen, die mit besonderer, reiner Lieblichkeit im Überfluß verbunden sind. Durch solche Dinge wird der Sinn
in den Tugenden tiefer begründet, und von der Begierde zu unerlaubten
Gegenständen abgezogen. Nebstdem werden die inneren, körperlichen
Sinne, nämlich die Einbildungskraft und Phantasie, von denen wir hier
sprechen, gleichfalls von ihm vervollkommnet, und durch heilige Betrachtungen und innere Unterredungen an das Gute gewöhnt. Alles
dieses geschieht auf solche Weise, wie sie den besonderen Bedürfnissen
der Seele nötig ist, um den beabsichtigten Eindruck auf sie zu machen.
Gott lehrt den Geist nach den sämtlich angeführten Weisen. Wenn aber
auch die inneren Sinne durch natürliche Übung genug vorbereitet sind,
so pflegt Gott dieselben durch übernatürliche Erscheinungen und Offenbarungen zu erleuchten und gleichsam noch geistiger zu machen, wenn
er es nach seiner unendlichen Liebe und Weisheit, für gut findet. Der
Geist des Menschen wird sowohl durch die äußeren, körperlichen Erscheinungen, als durch die inneren, übernatürlichen allmählich mehr
gebildet, und legt seine Roheit ab.

Dadurch führt Gott die Seelen stufenweise zu Dingen, die mehr im
Inneren vorgehen, nicht, als wäre es notwendig, daß er sich genau an die
beschriebene Ordnung halte; sondern wie er es nach ihren Bedürfnissen
zuträglich erkennt, und es ihm gefällt, ihnen seine Huld und Gnade zu
erweisen. Solche Seelen, die Gott nach ihren Bedürfnissen in seiner
besonderen Liebe und Weisheit durch die genannten außerordentlichen
Mittel zu ihrer Bestimmung führt, sind dadurch auch verpflichtet,
ihnen zu mißtrauen, sie nicht annehmen zu wollen, sie nicht zu achten,
und die möglichste Vorsicht anzuwenden, daß ihnen keine widerfahren,
um nicht vom Feind durch falsche betrogen zu werden. Dadurch er-

sparen sie sich auch die so mühevolle Arbeit, die wahren von den falschen Offenbarungen und Erscheinungen zu unterscheiden, und die so große Gefahr, von ihnen betrogen und irregeleitet zu werden. Da also Gott außerordentliche Dinge nicht dazu gibt, daß man sie liebe und dabei stehenbleibe: sondern vielmehr redliche, einfältige Seelen durch ihre augenblickliche Wirkung sogar der Mühe der Prüfung und Gefahr derselben überheben will; so ist die Frage grundlos: warum sie Gott dennoch verleihe, weil man sie mißbrauchen könne. Wird ja die so sicherleitende Glaubenslehre gleichfalls mißbraucht durch Nichtbefolgung oder nicht rechtmäßige Beobachtung derselben.

12. Kapitel.

Von den Nachteilen, wenn man auf außerordentliche Dinge einen Wert legt.

WER bei Leitung der Seelen, die übernatürliche Mitteilungen haben, zu nachsichtig ist, wenn seine Anbefohlenen diese Dinge hochachten und die Augen fest darauf gerichtet halten, der stürzt fürs erste selbst in Irrtum, und dann verleitet er auch jene dazu, indem er sie darein verwickelt, und es versäumt, sie auf dem Weg der Demut zu führen. Darin liegt der Grund, warum sie auf dem Weg des lauteren und vollkommenen Glaubens keine Fortschritte machen; denn man stärkt sie nicht im Glauben, weil man zugibt, daß sie auf jene ungewöhnlichen Dinge einen hohen Wert legen. Dabei läßt man sich stillschweigend merken, daß man ebenfalls jene Dinge hochachte, folglich auch die Personen, welche sie erfahren. Und so bleiben diese Seelen in jenen Wahrnehmungen festsitzen, reißen sich nicht davon los, gründen sich nicht auf den Glauben, werden folglich nicht so leer und bloß, daß sie sich zur Höhe des bloßen Glaubens emporschwingen können. Die Schuld davon trägt die Weise des Führers, wie er von diesen Dingen spricht; denn die von ihm geleitete Seele gibt ihm gerne Beifall, indem die Natur schon ohnehin geneigt ist, von solchen Dingen sich anlocken zu lassen. Da braucht es nur noch, daß sie an ihrem Beichtvater oder an einer anderen ansehnlichen Person eine Hochschätzung ihrer Erfahrungen bemerke, und sie wird unverzüglich, ohne es wahrzunehmen, nicht nur ebenfalls die übernatürlichen Erscheinungen hochschätzen, sondern ihre Neigung zu ihnen wird zunehmen und sie sich behaglich daran vergnügen. Wenigstens entstehen daraus viele Unvollkommenheiten; denn die Seele bleibt nicht demütig. Sie meint, sie sei etwas, sie habe Gutes an sich, und gelte bei Gott mehr, als andere. So lebt sie dann fröhlich dahin, und ist über Gebühr zufrieden mit sich selbst. Das stößt aber gar sehr gegen die Demut an. Zudem ist da der Teufel gleich bei der Hand, und vermehrt heimlich diese Unordnung, ohne daß es die Seele wahrnimmt. Zugleich erregt er in ihr ein gewisses Wägen und Prüfen von anderen Leuten, ob sie so oder so seien. Dies alles ist der Einfalt und Demut entgegen. Verfällt man auch nicht in so handgreifliche und schädliche Irrtümer, so stürzt man gewiß in dergleichen andere, die noch feiner und Gott mißfälliger sind.

Ein Beichtvater, wenn er auch nicht zu Offenbarungen geneigt ist, wird schon dadurch, daß er sich gerne darüber in eine Unterredung einläßt, auf sie zu viel Gewicht legen, als werde durch dieselben der Geist der Vollkommenheit größtenteils verliehen. Mag er immerhin Merkmale angeben, durch welche gute Erscheinungen von bösen zu unterscheiden seien: es ist zwar gut, wenn man so etwas weiß; aber es lohnt die Mühe nicht, wenn man die Seele einer solchen Anstrengung, einer solchen ängstlichen Sorge und Gefahr aussetzt: seltene, unvermeidliche Fälle ausgenommen. Denn durch Geringschätzung jener Dinge kann man sich alle Plage, Sorge und Gefahr ersparen. Es geschehe indessen bei dem gegebenen Fall das Nötige, und man prüfe die Erscheinungen, ob sie gut seien; man bleibe aber nicht dabei stehen.

Es geschieht wohl auch, daß Beichtväter, wenn sie wahrzunehmen glauben, daß ihre Beichtkinder göttliche Gaben mit Auszeichnung besitzen, von ihnen fordern, sie möchten beten, Gott wolle ihnen dies oder jenes offenbaren. Da gehorchen denn die einfältigen Seelen, in der Meinung, es sei erlaubt, auf solchem Weg sich Kenntnisse zu verschaffen. Trifft es nun zu, daß Gott auf ihr Bitten das Gewünschte offenbart, so fassen sie Mut, und tun bei anderen Gelegenheiten mit größerer Sicherheit das Nämliche. Sie bestärken sich immer mehr in dem Wahn, solche Vertraulichkeit sei Gott angenehm, da es doch in der Wirklichkeit nicht so ist, und er nicht will, daß man auf solche Weise mit ihm umgehe. Da ihnen diese Art der Vertraulichkeit mit Gott natürlich angenehm ist, so fügen sie sich auch in die Art, natürlich zu verstehen, und dann gibt es Fehlgriffe. Man wird sehr oft in den angeblich geoffenbarten Dingen getäuscht, und es geht nicht so, wie man es aus einer Offenbarung verstanden haben will. Da wundert man sich, und nun erst steigen Zweifel auf, ob die Offenbarung wirklich von Gott gewesen sei oder nicht, weil man findet, daß sie nicht zutreffe, wie man meinte. Zuvor hatte man sich zwei Dinge fest eingebildet: Erstens, jene Offenbarungen seien von Gott ausgegangen, da sie doch auch vom Teufel sein konnten. Zweitens stand man im Wahn, sie hätten gerade so zutreffen sollen, wie man selbst dachte. Aber hier liegt eine große Täuschung verborgen. Denn auch die göttlichen Offenbarungen treffen nicht allezeit zu, weil sie oft bedingt sind, und nicht immer so, wie ihr Wortlaut ist. Dies sieht man selbst aus den Offenbarungen des Alten Bundes. Wiewohl Offenbarungen an sich gewiß und wahr sein können, so sind sie doch nicht allemal nach unserer Weise zu verstehen.

13. Kapitel.

Warum Gott dennoch manchmal auf Anfragen Antwort gibt;
warum dies im Alten Bund geschah, und wie sich Beichtväter
zu benehmen haben, wenn Gott Seelen solche Wege führt.

DEM Menschen hat Gott, um ihn zu regieren, vernünftige, natürliche Schranken gesetzt, und es geziemt dem Geschöpf nicht, die
Grenzen zu überschreiten, die ihm Gott gesetzt hat. Wenn man aber
etwas auf übernatürlichem Weg erfahren will, so ist das schon ein Sprung
über die angewiesenen Grenzen, etwas Unheiliges, Unnützes, und mithin
auch Gott Mißfälliges. Dazu ist ja keine Not vorhanden. Wir haben die
natürliche Vernunft und die Lehre der Kirche Jesu. Es kommt keine
Schwierigkeit, kein dringendes Anliegen vor, dem man nicht durch die
genannten Mittel begegnen könnte; und zwar mit großem Wohlgefallen
Gottes und mit sicherem Nutzen der Seele. Wir müssen ja ohnehin die
Lehre des Evangeliums oder der Kirche so hochachten, daß wir auf
übernatürliche Weise nur das annehmen dürfen als wahr, was mit der
Lehre der Kirche übereinstimmt. Dagegen wirst du sagen: Wenn es Gott
mißfällig ist, warum antwortet er zuweilen doch? Darauf sage ich erstens:
Es antwortet auch manchmal der Teufel; wenn aber Gott selbst antwortet, so behaupte ich, es geschehe wegen der Schwachheit der Seele,
die so heftig einen solchen Weg zu betreten wünscht; er antwortet, damit
sie im Fall der Nichterhörung den Mut nicht verliere und von ihm nicht
abweiche; oder, damit sie in dem Wahn, Gott zürne über sie, nicht in eine
große Anfechtung falle; oder er tut dies gewiß aus anderen Absichten, die
nur er kennt, und die ihren Grund in der Schwachheit jener Seelen
haben. Deswegen hält er es für nützlich, zu antworten, und sich zu ihr
auf solchen Weg herabzulassen. So ist er auch gewohnt, mit manchen
schwachen Seelen zu handeln, die sich verzärteln, wenn er ihnen unter
dem Gebet süße Genüsse und sehr empfindliche Lieblichkeiten zuläßt.

Dieses geschieht aber nicht, weil er selbst will, daß es so geschehe, oder weil er ein besonderes Wohlgefallen daran hat, sondern er verleiht jedem seine Gaben nach dessen Bedürfnissen. Denn Gott ist wie ein Quell, woraus jeder schöpft nach der Faßlichkeit des Gefäßes, welches er mitbringt. Gott läßt manchmal eine Seele durch außerordentliche Kanäle Wasser schöpfen. Daraus folgt aber nicht, daß es wohlgetan sei[35], wenn man nur so schöpfen will; denn es kommt nur Gott zu, das Wasser zu reichen, wie, wann, wem, und wegen welcher Ursache er will. Er bedarf dazu gar nicht der Betriebsamkeit und des Bittens dessen, der es empfängt. Und so willigt er manchmal in das Verlangen einiger Seelen, welche er erhören will, um sie nicht zu betäuben, weil sie übrigens gut sind; nicht aber weil ihm eine solche Handlungsweise angenehm ist. Als die Kinder Israels von Gott einen König verlangten, gab er ihnen zwar einen, aber ungerne; deswegen sagte er zu Samuel: *Erhöre die Stimme dieses Volkes, gib ihnen gleichwohl einen König, wie sie ihn von dir verlangen; denn sie haben nicht dich verworfen, sondern mich, auf daß ich nicht regieren möge.*[36] Auf gleiche Weise bequemt sich Gott nach einigen Seelen, und läßt ihnen zu, nicht was für sie am besten und nützlichsten wäre, sondern was sie fordern, und zwar deswegen, weil sie zu dem Besseren noch keinen Willen haben, und nur auf jenem Weg fortzukommen wissen. Wenn sie manchmal zärtliche, süße Empfindungen[37] in dem Geist oder Sinn empfangen; so geschieht es[38], weil sie nicht gut disponiert sind, stärkere und festere Speisen, Trübsale von dem Kreuz seines Sohnes hinzunehmen, die er ihnen vor allen übrigen Gaben gerne hinreichte, und die er von ihnen verlangt haben wollte.

Aber, kann man ferner entgegnen: Im Alten Bund war es nicht nur erlaubt, sondern sogar von Gott dem Volk Israel befohlen, auf übernatürlichem Weg durch Erscheinungen, Offenbarungen etc. den

---

[35] Und der bloße Glaubensweg nicht vollkommener wäre.

[36] 1. Sam. 8, 7.

[37] Oder andere übernatürliche Mitteilungen durch Erscheinungen, Offenbarungen.

[38] Ihrer Schwachheit wegen.

besonderen Willen Gottes zu erforschen, und Gott gab demselben scharfe Verweise, wie man bei Jesaia[39] lesen kann, wenn man es unterließ.

Darauf dient zur Antwort: Die vorzüglichste Ursache, warum Gott im Alten Bund sogar wollte, daß man an ihn Fragen stelle, und wegen welcher Propheten und Priester bei Gott um Erscheinungen und Offenbarungen bitten mußten, war, weil Gott selbst unmittelbar der Führer dieses Volkes sein wollte, und, durch die erst von Jesus gegründete, durch den Beistand des Heiligen Geistes lehrende Kirche, der Glaube damals noch nicht so begründet und festgestellt war. Daher forderte es die Not, daß man bei Gott Anfrage hielt. Denn alles, was er redete, waren Geheimnisse unseres Glaubens, etwas dahin Gehöriges oder darauf Bezügliches. Dagegen haben wir, da der Glaube durch die lehrende Kirche gegründet ist, und verkündet wird, keine Ursache, Gott auf jene Weise auch jetzt noch fragen zu müssen, und er hat jetzt keine Ursache, zu antworten, wie damals. Wer also jetzt etwas von Gott durch eine Erscheinung oder Offenbarung erfragen wollte, der würde ihm allem Anschein nach eine Unbill zufügen, weil er seine Augen nicht ganz auf Christus richtet, *durch den er in diesen Tagen mit uns geredet hat,* wie Paulus schreibt[40], in solcher Vollständigkeit, daß nichts weiter zu wünschen übrig bleibt. Gott kann ihm gleichsam zur Antwort geben: *Dieser ist mein geliebter Sohn, an dem ich mein Wohlgefallen habe; den sollt ihr hören.*[41] Ich habe bereits alles durch meinen Sohn geredet, wirf auf ihn allein deine Augen; denn in ihm wirst du weit mehr finden, als du verlangen kannst, da ich ihn euch zum Bruder und Lehrmeister gegeben habe durch seine lehrende Kirche bis zum Ende der Welt. Wollte jemand zu diesen Zeiten auf außerordentlichem, übernatürlichem Weg etwas lernen oder erfahren, so wäre das so viel, als Gott gleichsam eines Gebrechens beschuldigen, und ihm den Vorwurf machen, als habe er nicht alles

---

[39] Jes. 30, 2.
[40] Hebr. 1, 1.
[41] Matth. 17, 5.

zur Erlangung der Vollkommenheit und Seligkeit Nötige und Heilsame hinreichend uns gegeben. Wie wenig wir einer neuen Offenbarung bedürfen, lehrt Paulus mit diesen Worten: *Wenn auch ein Engel vom Himmel euch ein anderes Evangelium verkündete, als das ist, welches wir euch gepredigt haben, der sei verflucht.*[42] Daraus erhellt denn auch deutlich: Wenn auch etwas auf übernatürlichem Weg uns zukäme, so dürfen wir es doch nicht glauben, wenn es mit der Lehre Christi und seiner Diener[43] nicht im Einklang stünde.

Es bedürfen daher auch jene Seelen, denen Gott, ihrer Schwachheit oder anderer ihm allein bekannter Ursachen wegen, außergewöhnliche Dinge mitteilt, noch der besonderen Führung aus folgenden Gründen, um nicht irrezugehen:

Erstens, weil Gott vieles mitteilt, dessen Kraft, Licht und Sicherheit er in der Seele nicht ganz bestätigt, bis man sich darüber mit dem besprochen hat, der von Gott als geistlicher Richter jener Seele aufgestellt ist, und zugleich die Macht hat, sie zu binden und aufzulösen, ihre Erfahrungen gutzuheißen oder zu verwerfen.

Zweitens, weil die Seele gewöhnlich über solche Dinge der Belehrung und Zurechtweisung bedarf, damit sie über dieselben hinweg zur Reinheit des bloßen Glaubens geleitet werden könne.

Drittens ist dies zur Beförderung der Abtötung und Demut einer Seele sehr zuträglich, wenn sie angehalten wird, alles ungesäumt, deutlich und aufrichtig, nach aller Wahrheit, ihrem geistlichen Führer zu offenbaren, was sie auf übernatürlichem Weg empfängt, vorzüglich, wenn es Erscheinungen, Offenbarungen oder andere übernatürliche Mitteilungen sind, sie mögen zweifelhaft oder wahr zu sein scheinen.

Wenn wir bisher so ernstlich die Verleugnung des Außerordentlichen empfohlen, und den Seelenführern eingeschärft haben, sich nicht in weitläufige Gespräche darüber einzulassen; so wollten wir damit nicht

---

[42] Gal. 1, 8.
[43] Der Kirche.

sagen, daß sie sich deswegen ihren Pflegekindern entziehen dürften. Vielmehr ermahnen wir, sie sollen gute Seelen nicht zurückstoßen, und ihre gemachten Erfahrungen verhöhnen; denn ihre Pflegekinder möchten dadurch Anlaß nehmen, ihre Herzen ganz zu verschließen, und nicht mehr den Mut haben, zu entdecken, was ihnen vorgekommen ist. Dadurch könnten sie großen Schaden leiden. Denn dergleichen außergewöhnliche Dinge pflegen, wie wir gelehrt haben, durch besondere Huld Gottes für manche Seelen ein Mittel zur Erlangung der Vollkommenheit zu sein, wenn sie angehalten werden, nicht dabei stehenzubleiben. Wenn sie nun ein Heilsmittel und eine Weise sind, nach welcher Gott diese Seelen zum Ziel führt: so haben wir keinen Grund, über sie zu erzürnen, oder uns zu wundern und zu ärgern: vielmehr müssen wir sie mit ausgezeichneter Freundlichkeit und Ruhe behandeln; müssen ihnen Mut machen, und sie aufmuntern, ihre Erfahrungen zu entdecken; ja, nötigenfalls müssen wir sie mit einem ausdrücklichen Befehl dazu anhalten; denn es kommt vielen gewöhnlich so schwer an, von den gemeldeten Dingen etwas zu erzählen, daß es wirklich notwendig wird, von den genannten Maßregeln Gebrauch zu machen. Dabei müssen wir uns aber sorgfältig bemühen, ihnen durch den Glauben eine richtige Leitung zu geben, und ihre Augen sanft von allen jenen übernatürlichen Dingen wegzulenken. Wir müssen sie lehren, wie sie den Geist und das Herz davon entblößen sollen, um weiterkommen zu können. Zu diesem Zweck müssen wir sie anhalten, recht tief es sich einzuprägen, daß ein Werk, verrichtet in der Liebe, ja, eine einzige Liebeshandlung des Willens vor Gott köstlicher sei, als alle Erscheinungen und Offenbarungen, die sie vom Himmel erhalten können, und daß viele Seelen, die nie etwas Ähnliches erfahren haben, oft auf einer unvergleichlich höheren Stufe der Vollkommenheit stehen, als andere, die viele solche Gaben empfangen.

14. Kapitel.

Von zwei Arten übernatürlicher Anschauungen, und wie man sich dabei zu verhalten habe.

WIR wollen nun von den rein geistigen Anschauungen, Offenbarungen, Ansprachen und Empfindungen reden, die ohne Vermittlung der fünf Sinne und der Einbildungskraft oder Phantasie auf übernatürlichem Weg vorkommen können. Wir nennen sie rein geistige, weil sie nicht, wie die körperlichen, und die der Einbildungskraft, durch diese und die fünf Sinne dem Verstand zugeführt werden; sondern ohne inneren und äußeren Sinn. Der Verstand empfängt sie unmittelbar auf übernatürlichem Weg, und verhält sich dabei nur leidend, das ist, es kommt gleichsam keine eigentliche Selbsttätigkeit der Seele dazwischen. Weil alle diese Erfassungen[44] dem Verstand verstehbar sind, darum nennt man sie geistig anschaubare. Insofern der Verstand das Vermögen hat, geistige Dinge anzuschauen, nennt man das, was der Verstand durch die Weise des Sehens auffaßt, eine geistige Anschauung; das, was der Verstand dadurch erfaßt, daß er gleichsam lernt oder neue Dinge versteht, nennt man Offenbarungen; was er aber durch eine Art Hören vernimmt, das heißt eine Ansprache, und eine geistige Empfindung, was er nach Weise der fünf Sinne erfährt, z. B. ein gewisses Verständnis von einem lieblichen geistigen Geruch, ein gewisses Kosten von einem geistigen Wohlgeschmack, oder sonst von einem geistigem Vergnügen, dessen die Seele auf übernatürliche Weise genießt.

In Bezug auf die geistige Anschauung des Verstandes können die Gegenstände derselben körperliche oder unkörperliche sein. Die Seele kann durch die Wirkung eines Lichts, das sie von Gott empfängt, in diesem Licht alle anwesenden Dinge anschauen, die an dem Himmel und auf Erden sind. Die Anschauung unkörperlicher Gegenstände in

---

[44] Durch übernatürliche Mitteilungen.

einem höheren Licht, z. B. der Engel und Seelen, der Wesenheit Gottes, ist in diesem Leben sehr selten, und nur Eigentum derjenigen, die schon in der ewigen Seligkeit sind. Doch etwas davon wird auch hienieden da oder dort einem wie im vorübergehen verliehen. Gott trifft dabei die Verfügung, daß er das natürliche Leben erhält, wiewohl er den Geist von dem Gebrauch des natürlichen Lebens hinwegzieht; wie es dem heiligen Paulus geschah, als er in den dritten Himmel entrückt worden, und Dinge sah, von denen kein Mensch reden darf.[45] Gott verleiht solche Anschauungen, wie einst dem Elias, Moses und Paulus, nur starken Geistern der Kirche. Finden die genannten Anschauungen, nach dem gewöhnlichen Gesetz, in dem gegenwärtigen Leben nicht bloß und klar statt, so können sie doch in der Substanz der Seele selbst wahrgenommen werden durch eine gewisse liebevolle Kenntnis, die mit den beseligendsten Berührungen verbunden ist. Denn die bloße, liebeatmende Kenntnis, welche der Glaube ist, dient in dem gegenwärtigen

Leben zur göttlichen Vereinigung, wie das Licht der Glorie in dem seligen Leben zur klaren Anschauung Gottes dient.

Wir wollen hier nur noch einiges sagen von der Anschauung körperlicher Dinge an dem Himmel oder auf Erden. Wenn es Gott gefällt, der Seele eine solche Gnade zu erteilen, so teilt er ihr ein übernatürliches Licht mit, in welchem sie klar und leicht Dinge sieht, welche Gott will, sie mögen an dem Himmel oder auf der Erde, abwesend oder gegenwärtig sein. Das geschieht auf eine Weise, als wenn eine sehr lichthelle Tür sich öffnete, und die Seele in Unterbrechungen etwas als einen hinfahrenden Blitz sehe. Wie der Blitz in einer finsteren Nacht plötzlich die Dinge so erleuchtet, daß sie hell und deutlich zum Vorschein kommen; bei seinem Verschwinden aber die vorige Finsternis wieder eintritt, wiewohl die Formen und Gestalten der gesehenen Dinge in der Phantasie bleiben: so, nur noch vollkommener, geht dieses alles in der Seele vor. Manchmal bleibt ihr das mit dem Geist in jenem Licht Gesehene so

---

[45] 2. Kor. 12, 3. 4.

eingedrückt, daß sie es, so oft sie erleuchtet von Gott, aufmerkt, wie vorher, in ihrem Inneren sieht. Jene Formen der gesehenen Dinge weichen in der Folge nie gänzlich von der Seele, obschon sie zuweilen in weiterer Entfernung zu stehen kommen.

Die Wirkungen, welche diese geistigen Anschauungen in der Seele hervorbringen, sind: Ruhe, Erleuchtung, eine Beseligung nach Weise der himmlischen Glorie, Lieblichkeit, Reinheit, Demut, eine Geneigtheit zu Gott und eine Erhebung des Geistes zu ihm bei dem einen mehr, bei dem anderen weniger nach der Fassungskraft des Geistes, der die Gabe empfängt, oder wie Gott will. Auch flößen sie die Neigung ein, bei ihnen nicht stehenzubleiben.

Ähnliche geistige Anschauungen kann aber auch der Teufel durch ein gewisses natürliches Licht in der Seele zustande bringen. Er bedient sich dazu der Hilfe der Phantasie, in welcher der boshafte Geist gegenwärtige oder abwesende Gegenstände nach und nach in ein gewisses Licht stellt. Auf solche Weise, glauben einige Lehrer, habe der Teufel Christus alle Reiche der Welt und ihre Herrlichkeit gezeigt. Die Wirkungen der teuflischen Anschauungen in der Seele sind aber: Trockenheit des Geistes und eine geheime Neigung, sich selbst hochzuachten. Sie reizen auch dazu, daß man sie gerne annehme, und großen Wert darauf lege, und lassen durchaus keine Zartheit der Demut und göttlichen Liebe zurück. Auch die Formen der teuflischen Anschauungen werden der Seele nicht mit so lieblicher Klarheit, wie bei den göttlichen, eingedrückt, und dauern auch nicht so lange an, wenn die Seele nicht etwa selbst einen hohen Wert darauf legt, in welchem Fall ihre Wertschätzung verursacht, daß sie natürlicher Weise länger daran denkt. Ihre Erinnerung ist ohne Wirkung der Demut und Liebe.

Auch die geistigen göttlichen Anschauungen können dem Verstand nicht als nächstes Mittel zur Vereinigung mit Gott dienen, insofern sie Anschauungen von Geschöpfen sind, weil diese keine wesentliche Ähnlichkeit und Gleichförmigkeit mit Gott haben. Deswegen[46] ist es für die Seele am besten, wenn sie auch sowohl diese geistigen Anschauungen, als die geistigen Offenbarungen, Ansprachen und Empfindungen, von denen in der Folge geredet wird, verleugnet, nicht will, damit sie gefördert werde, und durch das nächste Mittel, den Glauben, Gott immer näherkomme. Legt sie auf selbe keinen sonderlichen Wert, so werden dieselben sie nicht sehr hindern, wenn sie auch fortwährend in ihr vorgestellt werden. Die Erinnerung an sie bewegt zwar die Seele zur Liebe Gottes, der reine Glaube und die Entblößung von allen diesen Dingen hebt aber die Seele noch höher empor, ohne daß sie weiß, woher es komme. Davon wird auch die Folge sein, daß die Seele mit den Ängsten der reinsten Liebe Gottes entzündet wird, ohne zu wissen, aus welchem Grund sie entsprungen seien. In der Tat ist es aber nichts anderes, als daß die Liebe ihre unzertrennliche Wirkung mit dem Glauben beweist. Denn wie der Glaube durch die Verleugnung jener Dinge tiefere Wurzel schlägt, und der Seele reichlicher eingegossen wird, ebenso ergießt sich reichlicher, in Verbindung mit ihm, die göttliche Liebe in die Seele. Je mehr sich die Seele von allen äußeren und inneren Dingen, die sie auf natürliche oder übernatürliche Weise empfangen kann, leermachen und vernichten will, desto reichlicher wird ihr der Glaube, die Hoffnung und Liebe eingegossen. Zwar wird die Liebe manchmal von der Seele nicht wahrgenommen, weil sie ihren Sitz nicht in dem Sinn hat[47], und daher nicht allezeit süße Gefühle anregt; sie macht aber dennoch durch ihre Stärke im Willen diesem größeren Mut als zuvor, wenn es darauf ankommt, zu handeln.

---

[46] Und um vom Teufel nicht betrogen zu werden.
[47] Sondern im Willen.

15. Kapitel.

Von rein geistigen oder unmittelbaren Offenbarungen, und wie man sich dabei zu verhalten habe.

DIE rein geistigen Offenbarungen, die der Verstand auf über-natürliche Weise ohne Vermittlung durch die fünf Sinne oder die Einbildungskraft erhält, sind entweder Entdeckungen, Erkenntnisse von Wahrheiten oder Enthüllungen verborgener Geheimnisse. Von den Erkenntnissen, die in der Seele entstehen oder dem Verstand mitgeteilt werden, bestehen einige in göttlichen Wahrheiten, andere betreffen die Geschöpfe, Wahrheiten von Dingen, die da sind, waren und sein werden. Letzteres kommt dem prophetischen Geist sehr nahe. Die erstere Gattung der Erkenntnisse befaßt sich geradezu mit Gott selbst; man hat da eine sehr tiefe Einsicht, Überzeugung von einer seiner Eigenschaften, bald von seiner Allmacht, bald von seiner Güte, bald von seiner Weisheit etc. So oft man mit dem Verstand etwas Solches wahrnimmt, prägt sich der Seele zugleich eben das ein, was sie wahrnimmt oder fühlt. Insofern diese Erkenntnisse Gott selbst betreffen, können sie nicht besonders mit Worten ausgesprochen werden; außer sie beziehen sich auf Wahrheiten, die weniger als Gott sind, und die man auf irgendeine Weise erklären kann.

Diese erhabenen, in lauter Liebe glühenden Erkenntnisse kann aber keine Seele empfangen, wenn sie nicht schon bis zur Vereinigung mit Gott gefördert ist; denn ein solches Erkennen gehört schon zu der Vereinigung, und besteht in einer gewissen Berührung, die zwischen der Seele und der göttlichen Wahrheit vorgeht. Daher ist es Gott selbst, der hier wahrgenommen und gekostet wird. Zwar geschieht dies nicht so klar und offenbar, wie in der Glorie; die Berührung der Kenntnis und Bese-ligung ist aber doch so fein und erhaben, daß sie das Innerste und Beste der Seele durchdringt. Diese göttlichen Kenntnisse haben gewissermaßen einen Geschmack der göttlichen Wesenheit und von dem ewigen Leben. In diesen Zustand kann sich der Teufel nicht einmischen; denn etwas Ähnliches kann er nicht ersinnen und auf keine Weise täuschend nachmachen. Zwar könnte er der Seele scheinbar gewisse große Dinge und sehr empfindliche Sättigungen vorstellen, und dieselben ihr mühsam aufdringen, als wären sie Gott selbst; dessen ungeachtet kann er es doch nicht so weit bringen, daß sein Blendwerk in das Allerinnerste der Seele dringe, es erneuere, und auf einmal mit lauter Liebe so entflamme, wie die göttlichen Kraftäußerungen zu tun pflegen. Denn unter diesen Kenntnissen und Berührungen gibt es einige, die Gott in der Wesenheit der Seele selbst wirkt, und diese bereichern die Seele so, daß nicht nur eine einzige derselben hinreicht, auf einmal gewisse Unvollkommenheiten hinwegzunehmen, die sie während ihres ganzen Lebenslaufs nicht zu vertilgen vermocht hatte; sondern sie wird dadurch auch mit göttlichen Kräften und Gaben überschwenglich angefüllt. Die mit diesen Berührungen verbundene Beseligung ist so groß, daß die Seele meint, mit einer einzigen derselben seien alle Mühen und Schmerzen ihres Lebens, wenn sie auch unzählbar waren, mehr als zu viel belohnt. Sie wird dadurch so beherzt und begierig, um Gottes willen recht vieles zu leiden, daß sie besonderen Kummer hat, so oft sie bemerkt, daß sie nicht vieles zu leiden habe. Oft sind die Berührungen Gottes so wirksam und empfindlich, daß sie nicht nur die Seele, sondern auch den Leib beben machen. Sie haben aber nicht allezeit die nämliche Wirksamkeit, Kraft und Lieblichkeit; denn sie kommen oft in einem sehr schwachen Grade vor. Wenn sie aber noch so gering sind, so ist doch eine einzige solche Erinnerung oder Berührung Gottes von größerem Wert, und vermag weit mehr, als viele andere Kenntnisse und Betrachtungen der Werke Gottes.

Diese Kenntnisse werden der Seele plötzlich und ohne Einwilligung von Gott verliehen, wenn sie am wenigsten daran denkt, bei Aussprechung oder Anhörung irgendeines Wortes aus den heiligen Schriften oder anderswoher, oder wenn sie sich gewisser Dinge erinnert, die sogar von geringem Belang sein können. Es sind daher zur Erhaltung derselben auch keine Anstrengungen notwendig; sondern die Seele soll sich dabei nur demütig und anspruchslos verhalten; denn Gott wird sein Werk vollbringen, wie und wann es ihm gefällt. Ich sage auch nicht, daß sich die Seele bei dieser Art Offenbarungen, wie bei anderen außergewöhnlichen Mitteilungen, verweigernd verhalten solle; denn diese sind selbst ein Teil der Vereinigung mit Gott, wozu wir der Seele hier eine Anleitung zu geben wünschen.

Das vorzüglichste Mittel zur Erlangung der hier genannten Berührungen und Kenntnisse von Gott ist die Demut und das Leiden aus Liebe Gottes mit gänzlicher Ergebung und ohne irgendeine Rücksicht auf Vergeltung. Eigensüchtigen Seelen werden solche Begünstigungen nicht verliehen; denn sie kommen von einer ganz besonderen Liebe Gottes gegen die Seele her, weil sie ihn ebenfalls mit der reinsten Liebe liebt, die mit keiner Rücksicht auf eigenen Nutzen vermischt ist. Dies wollte der Sohn Gottes andeuten, als er sagte: *Wer mich liebt, der wird von meinem Vater geliebt werden; und ich werde ihn lieben, und mich ihm offenbaren.*[48]

Die zweite Art der Erkenntnis durch unmittelbare Offenbarung Gottes bezieht sich auf Geschöpfe, und besteht in einer inneren Anschauung von dem, was unter den Menschen geschieht oder vorfällt. Hierher gehört auch die Gabe der Unterscheidung der Geister, die Erkenntnis der verborgenen Gesinnung des Menschen, oder der Kräfte der Natur. Durch göttliche Erleuchtung können Geistmenschen aus gewissen Zeichen, auch ohne sie, selbst in weiter Entfernung, sehr tiefe und richtige Blicke in das Innere anderer Menschen tun. Eine solche göttliche Offenbarungskenntnis hat die Eigenschaft, daß sie sich, wenn der Seele Einsicht von solchen Dingen verliehen wird, in ihr Innerstes fest eindrückt, ohne daß jemand etwas zu ihr gesagt hat. Wenn sie auch

---

[48] Joh. 14, 21.

nachher hört, daß man das Gegenteil behaupte, so kann sie doch ihre innere Zustimmung nicht dazu geben, obschon sie sich etwa Gewalt antut, der entgegengesetzten Meinung beizupflichten; denn ihr Geist schaut in dem, was ihm geistig vorgestellt wurde, etwas ganz anderes, und es ist ihm gerade so, als sähe er dieses klar.

Nebstdem, daß diese Gnaden ohne menschliches Verdienst verliehen werden, empfangen oft Vollkommene oder schon weitgeförderte Personen ein solches Licht, daß sie von gegenwärtigen und abwesenden Dingen genaue Kenntnis haben.

Bei der bisher genannten Art der Offenbarungen wäre vieles zu sagen von den Betrügereien und Täuschungen, welche der Teufel hier stiften kann und wirklich stiftet, wozu er sich der leiblichen Sinne bedient, und seine Vorstellungen so stark eindrückt, daß die Sache sich wirklich so zu verhalten scheint. Oft offenbart er den sündhaften Zustand des Gewissens anderer Seelen, um sie in bösen Ruf zu bringen, und in guten Gemütern das Verlangen anzuregen, die Fehler anderer kundzumachen. Wenn die Seele nicht demütig und behutsam ist, so wird er ihr ohne Zweifel tausend Lügen statt Wahrheiten aufdringen. Sollte aber auch das, was die Seele in dieser Hinsicht versteht, noch so sicher sein, und keinem Zweifel unterliegen, so muß sie doch ohne Widerrede dem folgen, was ihr geistlicher Lehrer befiehlt, wenn es auch mit ihrer Ansicht und Empfindung noch so sehr im Widerspruch steht. Auf solche Art muß sie sich durch den Glauben zur Vereinigung mit Gott hinleiten lassen, und auf keine Offenbarung sich stützen; vielmehr sie demütig verleugnen, und seinem Beichtvater offenbaren.

Die oben bemerkte Art der Offenbarung, durch Enthüllung verborgener Geheimnisse, kann sich wieder zweifach ereignen:

Erstens in Absicht auf Gott, wie er an sich ist, und hierin ist die Offenbarung von dem Geheimnis der allerheiligsten Dreieinigkeit und Einheit Gottes enthalten.

Zweitens in Absicht auf das, was Gott in seinen Werken ist. Hierher gehören alle Glaubenslehren, die Gott dem Geist durch ein besonderes, eindringliches Licht aufzuschließen und klarzumachen sucht. Es ist dies eine nähere, tiefere Beleuchtung schon geoffenbarter Wahrheiten. Dann die Offenbarungen göttlicher Verheißungen, Drohungen und anderer Dinge, die geschehen sollten, und noch geschehen werden in Absicht auf einzelne Königreiche, Länder, Stände, Familien und Personen, wovon wir in den Offenbarungen des Alten Bundes viele Beispiele haben. Auch zu dieser Zeit verleiht Gott noch Offenbarungen dieser Art, wenn er will; denn er hat schon oft gewissen Personen ihr Lebensende bestimmt kundgetan, oder ihnen vorausentdeckt, welche Trübsale ihrer warten; was ferner dieser oder jener Person, diesem oder jenem Reich bevorstehe, und sicher eintreffen sollte.

Wenn auch in Bezug auf Offenbarungen über Glaubensgeheimnisse und Lehren keine Gefahr eines Betrugs vorhanden sein soll, indem man alles verwirft, was mit der Lehre der Kirche nicht übereinstimmt: so bleibt es für die Seele doch immer sicherer, wenn sie dieselben nicht will und zu vermeiden sucht, um das Verdienst des bloßen Glaubens rein und unbefleckt zu bewahren. Sie nehme ihren Verstand gefangen, und stütze sich einfältig mit treuer Anhänglichkeit auf die Lehre der Kirche.

Noch notwendiger ist es, den Offenbarungen letztgenannter Art, göttliche Verheißungen, Drohungen etc. betreffend, gar keinen Glauben beizumessen. Denn da solche Offenbarungen meistens durch Worte, Figuren, und Gleichnisse geschehen, so kann auch der Teufel leicht so etwas vorgaukeln. Die reine, einfältige, vorsichtige, und demütige Seele wird sich daher allezeit gegen solche Offenbarungen sträuben; denn es ist keine Notwendigkeit da, dieselben zu verlangen und anzunehmen. Und wären solche Offenbarungen auch von Gott, so treffen sie doch oft nicht ein, wenn sie unter Bedingungen gemacht sind worden, deren Erfüllung, z. B. Besserung des Lebens, von der Freiheit der Menschen abhängt.[49]

---

[49] Jonas. 3, 4.

16. Kapitel.

Von den übernatürlichen Ansprachen ohne Dazwischenkunft eines körperlichen Sinnes, die der gesammelte Geist selbst in sich ausbildet, und wie man sich dabei zu verhalten habe.

DIE übernatürlichen Ansprachen ohne Vermittlung eines äußerlichen oder inneren Sinnes finden gewöhnlich in Personen statt, die schon etwas Geist haben. Wir teilen sie in drei Gattungen ein.

Die erste besteht in solchen Worten und Vernunftschlüssen, die der Geist gewöhnlich sich selbst bildet und folgert, wenn er in sich zurückgezogen und gesammelt ist.

Die zweite besteht in gewissen ausdrücklichen Worten, die der Geist schon nicht mehr von sich selbst, sondern anderswoher, wie von einer anderen Person, empfängt, manchmal wenn er eingesammelt, manchmal aber, wenn er nichts weniger als eingesammelt ist.

Die dritte Gattung sind gewisse andere Worte, die dem Geist sowohl, wenn er eingesammelt, als wenn er es auch manchmal nicht ist, vorkommen, im Innersten der Seele aber zugleich jenes Wesen und jene Kraft hervorbringen, die sie bezeichnen.

Die erste Gattung solcher Worte oder Vernunftschlüsse kommt gewöhnlich dann vor, wenn der Geist eingekehrt, in eine Betrachtung sehr vertieft und wie seiner selbst vergessen ist. Hier bildet der Verstand, in Gemeinschaft mit dem göttlichen Geist, mittelst jener Wahrheit, die er betrachtet, inwendig nach und nach Wahrheiten aus, welche zu dem Gegenstand seines Nachdenkens gehören. Dazu öffnet ihm der Heilige Geist, der wahre Lehrer, die Tür und verleiht ihm das Licht; denn das ist eine aus den Weisen, nach welchen der Heilige Geist lehrt. Während nun so der von diesem Lehrer erleuchtete und gelehrte Verstand in die betrachteten Wahrheiten eindringt, bildet er zugleich Worte und sehr passende Vernunftschlüsse, indem er durch die Betrachtung Dinge entdeckt, die ihm zuvor unbekannt waren. Da man nicht weiß, mit welcher Leichtigkeit der Verstand sich über Begriffe und Wahrheiten Worte bilden könne, die ihm anderswoher mitgeteilt wurden, so wird der, welcher solche Erfahrungen macht, sich nie überzeugen können, daß die Sache sich so verhalte, sondern meinen, jene Reden seien Worte einer anderen Person, denn es kommt ihm durchaus vor, er sei es nicht selbst, der dieses tue, sondern eine andere Person, die ihn inwendig anrede, oder ihm Antwort und Unterricht gebe. Er hat auch große Ursache, dieses zu vermuten und zu denken; denn er hält mit sich selbst Zwiesprache, und gibt sich Antworten, wie wenn eine Person mit der anderen redet. Es redet auch gewissermaßen jemand mit ihm: wiewohl es der menschliche Geist selbst ist, der dieses wirkt, so hilft ihm sehr oft der Heilige Geist, daß er Begriffe, Worte und Gründe, die der betrachteten Wahrheit gemäß sind, bilden und hervorbringen kann. Der menschliche Geist spricht sie daher aus, und sagt sie sich selbst, als wäre eine von ihm unterschiedene Person vorhanden.

Unter der Mitteilung und Erleuchtung des Heiligen Geistes, die der Verstand erhält, steckt ihrer Natur nach zwar keine Falschheit und Täuschung; sie kann aber unter den förmlichen Worten und Gründen stecken, die der Verstand darüber bildet; denn, weil der Verstand selbst es ist, der die Gründe aus sich bildet, so ist die Folge davon, daß er oft Gründe formt, die der Wahrheit fremd, manchmal auch solche, die nur wahrscheinlich oder unvollkommen sind. Ich habe eine Person gekannt, die solche Ansprachen hatte: Unter anderen, sehr wahren, wesentlichen Worten, die sie über das allerheiligste Altarssakrament bildete, fanden sich aber auch einige sehr irrige. Wenn Seelen, die kaum ein weniges in der Betrachtung gewonnen haben, bei einiger Einkehr etwas von den gemeldeten Ansprachen wahrnehmen, verfallen sie gleich in den Wahn, sie seien von Gott, und sagen: Gott hat zu mir dies oder jenes gesagt, Gott hat geantwortet. Die Sache verhält sich aber ganz anders: denn meistenteils sagen sie sich das⁵⁰ selbst. Nebstdem macht das Verlangen und die Liebe zu dergleichen Dingen die Wirkung, daß sie selbst unbewußt sich Antworten geben, und diese für Gottes Antworten halten. Dadurch stürzen sich solche Menschen in große Irrtümer und Narrheiten, wenn nicht ihr Beichtvater sie überzeugt, daß man dergleichen Ansprachen nicht achten und verleugnen müsse.

Auf die Entgegnung: Warum der Verstand jene Wahrheiten aufgeben müsse, in denen er von dem Geist Gottes erleuchtet werde, da sie folglich nicht vom bösen Geist herkommen, antworte ich: Der Heilige Geist erleuchte zwar den eingesammelten Verstand, er erleuchte ihn aber nach der Weise seiner Einsammlung. Wo nicht Demut, Abtötung, heiliges Schweigen und heilige Einfalt ist, da ist auch nicht der Heilige Geist. Der Verstand kann keine ihm wohlgefälligere Einsammlung finden, als die, welche sich im bloßen Glauben einstellt. Je reiner und geübter die Seele in der Vollkommenheit des bloßen Glaubens ist, je mehr wird sie vom Heiligen Geist erleuchtet, und ihr die göttliche Liebe eingegossen.

Außer dem hier so leicht möglichen Selbstbetrug, und der Selbstverhinderung göttlicher Erleuchtung, die am sichersten und am vollständigsten in der Sammlung im bloßen Glauben erfolgt, kann auch der Teufel sehr leicht vermeintlich göttliche Ansprachen vorzüglich bei Menschen hervorbringen, die zu denselben eine große Vorliebe haben. Denn er bietet ihnen gewöhnlich zu der Zeit, wo sie die innere Einkehr beginnen, viele Materie zu weitaussehenden Betrachtungen an, bildet dem Verstand durch seine Eingebungen Begriffe und Worte vor, und stürzt sie auf solche Art unbemerkt und sehr fein in Dinge, die einen Schein der Wahrheit haben; und dann ist der Betrug vollendet.

Es erhellt zugleich aus dem Gesagten, daß die in Rede stehenden Ansprachen im Verstand entweder von dem göttlichen Geist, oder von dem natürlichen Licht des Verstandes selbst, oder vom Teufel herkommen. Vollkommen aufschlußgebende Unterscheidungszeichen sind

---

⁵⁰ In der Selbsttäuschung.

schwer anzugeben; im allgemeinen kann man aus Folgendem auf ihren Ursprung schließen:

Wenn die Seele bei den entstehenden Worten und Schlüssen Liebe hat, und mit der Liebe Demut und Ehrfurcht von Gott empfängt, so ist das ein Zeichen der Nähe des Heiligen Geistes. Gehen sie aber bloß von dem Licht eines scharfsinnigen Verstandes hervor, so kann zwar der Wille in der Erkenntnis und im Licht der erkannten Wahrheiten auf natürliche Weise eine Liebe haben; sobald aber die Betrachtung vorüber ist, bleibt der Wille trocken, obschon er sich eben nicht zur Eitelkeit und zum Bösen hinneigt, was aber geschieht, wenn ihn der Teufel dazu anficht. Bei den Worten, die vom Heiligen Geist kommen, bleibt der Wille gewöhnlich auch nachher, wenngleich manchmal trocken, doch in einer guten Richtung zu Gott und in der Geneigtheit zum Guten. Aus der empfundenen Trockenheit allein darf man nicht schließen, daß keine Mitteilung des Heiligen Geistes vorangegangen sei; denn Gott ordnet es so zum Nutzen der Seele an. Zuweilen wird die Seele auch nicht so deutlich der Anregungen und Wirkungen jener Tugenden gewahr, obschon das Genossene gut gewesen ist. Auch die vom Teufel herkommenden Wirkungen sind etwas schwer zu erkennen. Sie machen zwar gewöhnlich den Willen in der Liebe Gottes nachlässig und trocken, sie neigen das Gemüt zur Eitelkeit, Selbstgefühl und zur eigenen Hochachtung; flößen aber doch öfters der Seele auch eine gewisse falsche Demut ein, und regen im Willen einen glühenden Eifer an, der aber seinen Grund in der Eigenliebe hat. Man muß sehr geistreich sein, um den Betrug des Teufels erkennen zu können. Es ist immer sein Werk, wenn man jene inneren Mitteilungen hochachtet. Eine demütige Seele fürchtet sich vor allem Außerordentlichen, weil sie sich besonderer Gnaden unwürdig hält, und es kann ihr daher nicht einfallen, danach zu verlangen, und dabei stehenzubleiben, oder davon gerne zu reden.

Um nicht gehindert und betrogen zu werden, dürfen wir auf dergleichen Dinge nie einen hohen Wert legen; es genüge uns, die Geheimnisse und Wahrheiten des Glaubens mit jener Einfalt und Echtheit zu wissen, mit welcher sie uns von der Kirche vorgetragen werden. Wollen wir ja nie tiefe Sachen ergründen, und geben wir nie dem Vorwitz Raum!

17. Kapitel.

Von den förmlichen und wesentlichen, im Geist übernatürlich zugesprochenen Worten, und dem Verhalten bei denselben.

DIE zweite Gattung der inneren Worte, die dem Verstand ohne Dazwischenkunft irgendeines Sinnes zugesprochen werden, nennen wir deswegen förmliche, weil sie von einem anderen förmlich vorgetragen werden, ohne daß er selbst etwas dabei wirke, wodurch sie sich hauptsächlich von den vorigen unterscheiden, so wie auch dadurch, daß sie sich zuweilen anmelden, wo der Geist nicht eingesammelt ist, ja nichts weniger, als an das Zugesprochene denkt. Diese Worte sind manchmal genau ausgebildet, manchmal aber nicht; denn sie sind oft wie Begriffe, durch welche dem menschlichen Geist etwas entweder wie eine Antwort oder wie sonst eine Ansprache gesagt wird. Zuweilen vernimmt man nur ein einziges Wort, manchmal zwei oder mehrere aufeinanderfolgend, wie die vorigen; denn gewöhnlich dauern sie länger an, wenn sie der Seele eine Lehre geben oder mit ihr über etwas handeln wollen. Eine solche Erfahrung machte Daniel.[51] Da diese Worte bloß zum Belehren und zur Beleuchtung dienen, so lassen sie in der Seele keine besondere Tugendwirkung zurück.

Kommen sie von Gott her, so erzeugen sie allezeit eine kräftige Lehre und Erleuchtung, und machen die Seele bereitwillig zu dem, was ihr befohlen wird, und geben ihr Licht über das, worüber sie Unterricht empfängt, obgleich sie die Abneigung und Scheu vor dem Befohlenen

---

[51] Dan. 9, 22.

nicht immer hinwegnehmen, besonders dann, wenn Gott der Seele Dinge befiehlt, die ihr zur Ehre gereichen, oder durch die ihr eine Auszeichnung begegnen könnte. Dagegen gibt er ihr zu Dingen, die sie demütigen und ihr wahren Nutzen schaffen, eine größere Bereitwilligkeit.[52] Gerade das Gegenteil geschieht gewöhnlich, wenn diese Worte vom Teufel kommen.

Auch auf diese Mitteilungen darf die Seele keinen sonderlichen Wert legen, teils um auf dem viel heilsameren bloßen Glaubensweg nicht gehindert zu werden; teils um vom Teufel nicht betrogen zu werden; denn manchmal wird man kaum zu unterscheiden vermögen, was von dem guten, und was von dem bösen Geist vorgebracht werde. Auch darf man das, was mit solchen Worten gesagt wird, nicht gleich vollziehen, es mag von Gott oder vom Teufel kommen, ohne vorher alles einem erfahrenen Beichtvater zu eröffnen, und bei ihm sich Rat zu erholen, der dann bestimmen wird, was in der Sache zu tun sei. Man folge mit Aufgebung des Eigensinns seinem Rat, und verhalte sich dabei ganz gleichgültig. Im Fall man keinen solchen Beichtvater oder Seelsorger findet, so ist es am besten, man wende das Sichere und Wesentliche zum eigenen Nutzen gut an, achte das übrige für nichts, und sage gar keinem Menschen etwas davon. In jedem Fall nehme man sich wohl in acht, daß man nie aus Eigendünkel und ohne viele Überlegung und Klugheit in das einwillige, was mit den genannten Worten gesagt wird, da hier gar feine und erstaunliche Betrüge vorkommen. Ohne ernste Abneigung gegen sie scheint es mir unmöglich, nicht bei vielen derselben mehr oder weniger betrogen zu werden. Man lege, um sicher zu gehen, auf dergleichen Dinge keinen Wert, wenn sie auch dem Schein nach noch so viel zu bedeuten haben. Man betrachte sie dagegen nach der gesunden Vernunft, und halte sich getreu an das, was uns die Kirche lehrt, dem solche Ansprachen ohnehin nicht widersprechen dürfen.

---

[52] Siehe 2. Mos. 4, 14.

Die dritte Gattung der dem Geist inwendig unmittelbar zugesprochenen Worte werden wesentliche genannt, weil sie in der Seele eine lebendige und wesentliche Wirkung hervorbringen in dem Augenblick, als sie in der förmlichen Weise, wie die der zweiten Gattung, ihr mitgeteilt werden; denn sie sind von den förmlichen Worten nur dadurch verschieden, daß sie der Seele wahrhaft, wirklich und wesentlich dasjenige eindrücken, was sie bezeichnen. Wenn Gott förmlich zu einer Seele sagt: Liebe mich oder fürchte dich nicht! so empfängt sie sogleich die Gnade der Liebe, und fühlt sie unverzüglich eine stille Ruhe und Stärke im Gemüt. Als Gott zu Abraham sprach: *Wandle vor mir und sei vollkommen*[53]; so wandelte er von diesem Augenblick an vollkommen.

In Absicht auf diese Worte gibt es nichts, das die Seele tun könnte. Sie erzeige sich nur demütig und ergeben dabei, und bringe Gott ihre freie Einwilligung dar. Sie hat keinen Grund, diese Worte von sich zu weisen, sich zu fürchten oder sich anzustrengen, um das, was sie ausdrücken, zu bewerkstelligen; denn Gott selbst wirkt es schon durch diese wesentlichen Worte in ihr und mit ihr. Hier ist auch keine Täuschung zu befürchten; denn hier kann sich weder der Verstand, noch der Teufel einmischen. Dieser hat schon gar nicht so viel Macht, daß er in irgendeiner Seele eine wesentliche Wirkung mit seinem Wort zustande bringen könnte, obschon er Seelen, die sich freiwillig ihm ergeben haben, durch seine Eingebungen zu Werken der äußersten Bosheit bewegen kann.

Die genannten wesentlichen Worte fördern also die Seele sehr, und verhelfen ihr zur Vereinigung mit Gott. Je inwendiger sie sind, desto wesentlicher und wirksamer sind sie auch.

---

[53] I. Mos. 17, 1.

18. Kapitel.

Von rein geistigen Empfindungen, durch die der Verstand auf übernatürliche Weise ein Licht erhält, und dem Verhalten bei denselben.

VON den rein geistigen Empfindungen ist hier nur insoweit die Rede, da sie in dem Willen ihren Sitz haben, als der Verstand das Vermögen besitzt, ein gewisses Licht, Verständnis, ohne Dazwischenkunft eines Sinnes, von einem lieblichen geistigen Wohlgefühl auf übernatürliche Weise zu empfangen. Dieses Verständnis ist gewöhnlich nichts anderes als eine sehr hohe und dem Verstand sehr süße Wahrnehmung Gottes, welcher man, wie der Empfindung, aus der sie kommt, keinen Namen geben kann. Solche Kenntnisse kommen bald so, bald anders vor; manchmal sind sie mehr, manchmal weniger hoch und klar, nach ihrer Eigentümlichkeit, je nachdem die göttlichen Berührungen, welche die Empfindungen, Gefühle hervorbringen, hoch und klar sind.

Weder die Seele selbst, noch ihr Gewissensfreund, können den Grund und Ursprung derselben erkennen. Gute Werke und Betrachtungen sind zwar gute Vorbereitungen zur Erlangung derselben; Gott spendet sie aber, wem er will, und wegen welcher Ursache es ihm gefällt. Einige dieser Berührungen sind unterscheidbar und gehen schnell vorüber, andere sind nicht so unterscheidbar und dauern länger an. Die genannten Empfindungen entstehen ohne Mitwirkung der Seele; wenn also der Verstand sich dabei tätig beweisen will, so hindert er den bezweckten Nutzen. Er muß sich also dabei nur leidend verhalten, und den Willen bloß zur freien und angenehmen Beistimmung hinneigen, und darf seine natürliche Fassungskraft durchaus nicht einmischen. Die Kenntnisse, von denen hier die Rede ist, sind gar süß und übernatürlich; deswegen erreicht die natürliche Fassungskraft sie nicht. Man darf sich auch nicht anstrengen, um sie zu erlangen, damit nicht etwa der, durch die

Anstrengung aufgereizte Verstand in die Arbeit komme, andere Kenntnisse aus sich selbst zu bilden, wodurch dem Teufel eine Öffnung gemacht würde, verschiedene andere, falsche Kenntnisse einmischen zu können. Er vermag dies füglich durch die genannten Empfindungen, sobald es ihm gelingt, die leiblichen Sinne dazu in Tätigkeit zu bringen. Man muß sich also anspruchslos, demütig und leidend verhalten; denn da die Seele dergleichen Empfindungen ohne ihr Zutun von Gott empfängt; so wird er ihr auch dieselben verleihen, wann es ihm gefällt, und er an ihr lauter Demut und Uneigennützigkeit bemerkt. So wird die Seele den wahrhaft großen Nutzen, den die gemeldeten Kenntnisse erzeugen, um sie geraden Weges zur Vereinigung mit Gott zu fördern, nicht in ihr hindern. Denn alle Berührungen dieser Art sind schon Berührungen der göttlichen Vereinigung, welche Gott in der Seele auf übernatürliche Weise wirkt.

Nachdem wir in dem bisher Gesagten dem Verstand, durch die erste theologische Tugend, den Glauben, in seinen sämtlichen Erfassungen Unterricht gegeben haben, damit die Seele nach diesem Vermögen sich mit Gott durch die Reinheit des Glaubens vereinigen könne, wollen wir ebendasselbe in Bezug auf die zwei übrigen Seelenvermögen tun, welche das Gedächtnis und der Wille sind. Auch diese wollen wir in ihren eigentümlichen Tätigkeiten reinigen, damit die Seele nach diesen zwei Vermögen in der vollkommenen Hoffnung und Liebe gleichfalls mit Gott vereiniget werde. In Bezug auf das Gedächtnis wollen wir die Abteilungen des folgenden Unterrichts, zur Reinigung desselben, von den drei Arten der Kenntnisse des Gedächtnisses hernehmen, welche in natürlichen, in übernatürlichen durch die Einbildungskraft aufgefaßten, und in geistigen bestehen.

19. Kapitel.

Von der Entleerung des Gedächtnisses in Bezug auf alle unnötigen Kenntnisse und Gedanken natürlicher Gegenstände.

ICH schreibe zur Entleerung des Gedächtnisses von unnötiger Aufmerksamkeit auf Kenntnisse und Gedanken natürlicher Gegenstände nur das notwendige Benehmen vor, wodurch die Seele sich selbst in diese Läuterung versetzt. Die geistig gesinnte Person muß, nach dem gewöhnlichen Lauf, folgende Maßregel in Anwendung bringen. Sie darf bei keiner Kenntnis von irgendeinem Ding, das sie gesehen, gehört, gerochen, gekostet oder gefühlt hat, länger stehenbleiben, als es der Beruf oder die Erbauung lehrt.

Sie strebe nach einer gänzlichen Vergessenheit aller irdischen Dinge, deren Erinnerung unnötig ist. Die Erinnerung und Betrachtung der Menschheit Jesu und seiner Leiden ist aber allezeit nötig zur Erlangung der höchstmöglichen Stufe der Vollkommenheit. Von allen anderen Bildern zeitlicher Dinge mache man das Gedächtnis frei. Denn leicht machen weltliche Dinge irgendeinen Eindruck im Gedächtnis, wodurch sie bald Schmerz, bald Furcht, bald Abneigung, bald eitle Freude oder eine andere Reizung verursachen. Alle diese Neigungen sind wenigstens Unvollkommenheiten, und manchmal offenbare, läßliche Sünden, welche die vollkommene Reinheit zur Vereinigung mit Gott verhindern. Beziehen sich die natürlichen Erinnerungen auf Menschen, so wird man leicht zur unordentlichen Anhänglichkeit oder zu Urteilen über sie verleitet, welche die Reinigkeit des Gewissens beflecken. Der Mensch kann dies zwar alles überwinden, aber nur dann, wenn er auf solche Kenntnisse keinen Wert legt, nicht unnötiger Weise dabei stehenbleibt. Wir wollen aber nicht, daß die Seele ihre Standespflichten vernachlässige, oder der frommen Gedanken und Betrachtungen beraubt werde, die sie in der Erhebung und Liebe zu Gott fördern, und die ihr behilflich sind zur Erhaltung göttlicher Gnaden; sondern nur, daß sie mit keiner Liebe an einem Geschöpf oder einer vergänglichen Sache klebe, und keine starke, die Beziehung auf Gott hindernde Aufmerksamkeit darauf hefte, wodurch das Gedächtnis zerstreut, und die Erinnerung von Gott abgewendet wird. Wir geben nur dem Gedächtnis Anleitung, wie es sich ruhig und stumm zu verhalten habe, und wie nur das Geistesgehör im Stillschweigen aufmerksam sein, und mit dem Propheten sagen solle: *Rede, Herr, denn dein Knecht hört!*[54]

Von dieser Einsammlung suchen die Teufel die Menschen aus dem Grund wegzulocken, weil die unordentliche Liebe zu Geschöpfen und die zu große Aufmerksamkeit auf sie ihnen Zugang zu allen Versuchungen geben.

Auch kommen Unruhe und Verwirrungen nirgendwoher in die Seele, als von der zu großen Aufmerksamkeit auf Geschöpfe, und der Liebe zu ihnen. Hat man die Bilder aller Dinge vergessen, so gibt es nichts mehr, was den inneren Frieden stört oder die Gelüste aufregt. Nur durch die Erinnerung an sie entstehen Verlangen und Freude, Furcht und Traurigkeit etc.

Aus den angeführten Nachteilen können wir leicht auf den Nutzen der Entleerung des Gedächtnisses von allen Bildern natürlicher Dinge schließen. Man genießt einer ruhigen Stille, des Friedens im Gemüt und die Reinheit des Gewissens; man wird frei von vielen Eingebungen, Versuchungen und Anfällen des Teufels, und durch Losmachung und Vergessenheit aller Dinge der Einflüsse des göttlichen Geistes empfänglich.

---

[54] I. Sam. 3, 10.

20. Kapitel.

Von der Entleerung des Gedächtnisses von allen durch die Einbildungskraft aufgefaßten übernatürlichen Kenntnissen und Bildern, und geistigen Anschauungen.

WENN die Seele auf übernatürliche Weise durch die Einbildungskraft Erscheinungen, Offenbarungen, Ansprachen und geistige Empfindungen, von denen allen wir oben gehandelt haben, empfangen hat: so bleiben gewöhnlich von denselben gar lebhaft und kräftig eingedrückte Bilder, Gestalten und Erinnerungen im Gedächtnis zurück. Damit der geistig gesinnte Mensch durch das Stehenbleiben bei denselben in seinem eigenen Urteil über sie nicht betrogen werde, so befolge er folgende Regeln:

Er habe durchaus nicht den Willen, seine Urteilskraft dahin zu richten, daß sie danach forsche, was das, welches er hat und empfindet, sei, oder welche Bewandtnis es mit dieser oder jener Erscheinung, Offenbarung, Erkenntnis und Empfindung habe. Er verlange nicht einmal, so etwas zu wissen, und lege auch keinen großen Wert darauf. Zuträglich bleibt es dabei immer, wenn er dergleichen Dinge dem Urteil seines Beichtvaters unterwirft. Sie mögen sein, was sie wollen, so können sie doch zu der göttlichen Liebe nicht so weit fördern, als der kleinste Akt des lebendigen Glaubens und der lebendigen Hoffnung in der Entblößung von allen solchen Dingen.

Wenn das Gedächtnis der Bilder übernatürlicher Erscheinungen, Offenbarungen, Ansprachen und Empfindungen nicht vergißt, sondern sie hochschätzt: so geben sie keinen geringen Anlaß, in Selbstgefälligkeit und Anmaßung zu fallen. Ich stelle zwar nicht in Abrede, daß jene, welche solche übernatürliche Mitteilungen erfahren, ihre Genüsse Gott zuschreiben, ihm dafür danken, ja derselben sich unwürdig halten können. Demungeachtet bleibt gewöhnlich im Geist eine geheime

Selbstgenügsamkeit und Selbsthochschätzung zurück, was sie erst aus dem unangenehmen Gefühl bemerken, das sie empfinden, wenn man ihre Erfahrungen nicht achtet, oder wenn sie hören, daß andere ebensolche Dinge oder noch vortrefflichere erfahren.

Aus dem Gesagten kann man schließen, welche Nachteile die Seele vom Teufel zu befürchten hat, wenn man das Gedächtnis von der Erinnerung an die genannten übernatürlichen Mitteilungen nicht entleert. Er kann dem Gedächtnis und der Phantasie mehrere falsche, die aber wahr und gut scheinen, vorstellen, und sie durch seine Eingebung dem Geist und Sinn mit so großer Kraft und Gewißheit eindrücken, daß der Mensch meint, es sei alles wirklich so.

Endlich verhindern auch die Bilder übernatürlicher Mitteilungen im Gedächtnis die Vereinigung mit Gott in der Hoffnung. Denn es darf, damit die Hoffnung lauter und vollkommen nach Gott ziele, im Gedächtnis nichts übrig bleiben, was nicht Gott ist.

Man darf bei übernatürlichen Mitteilungen nicht ihre Tröstungen oder ihre Bilder, sondern nur die Gefühle der Liebe hochachten, die sie hervorbringen. Zu diesem Ziel und Ende darf man sich allein zuweilen an sie erinnern, um nämlich dem Geist Beweggründe zu größerer Liebe Gottes zu verschaffen. Ihre Wirkung ist nachher zwar schwächer, als bei der ersten Mitteilung, weil bei der nur menschlichen Rückerinnerung die unmittelbar göttliche Wirkung fehlt; es erfolgt aber dennoch eine Erhebung des Gemüts zu Gott. Die guten Bilder, die der Seele eingedrückt bleiben, wirken fast allemal, so oft man den Blick darauf richtet, wieder etwas Gutes, wie bei ihrer ersten Mitteilung; nie aber bringen sie einen Schaden. Es sind aber solche bleibend eingedrückte Bilder eine Seltenheit. Sie mögen aber von dieser oder einer anderen Gattung sein, so ist für die Seele allemal das Beste, wenn sie nichts als Gott durch den Glauben in der Hoffnung erfassen will.

Die geistigen übernatürlichen Anschauungen durch ein göttliches Licht, sowohl der Wesenheit Gottes als der Engel und heiligen Seelen, stehen gleichfalls unter dem Gebiet der Rückerinnerung oder des geistigen Gedächtnisses. Denn nachdem eine derselben der Seele vorgestellt worden ist, kann diese nach Belieben daran denken, und zwar nicht des Bildes wegen, das hiervon in der Phantasie zurückgeblieben ist, sondern die Seele denkt verständlich und geistig daran, wegen dem ihr eingedrückt gebliebenen geistigen Bild, das in geistiger Erkenntnis besteht; daher ich ihre Erinnerung auch unter die des Gedächtnisses rechne.

Wenn die geistigen Anschauungen der Engel oder Seelen ursprünglich in der Seele eine heilsame Wirkung hervorgebracht haben, so darf sie sich derselben erinnern; nicht dazu, daß sie dieselben in sich zurückbehalten wolle, sondern um die Erkenntnis und Liebe Gottes zu beleben. Führt aber die Erinnerung an dieselben keine gute Wirkung herbei, so darf sie nie zur Aufnahme derselben in das Gedächtnis ihre Einwilligung geben. Von der Anschauung oder Kenntnis der Wesenheit und Eigenschaften Gottes sage ich aber, derselben dürfe man sich absichtlich erinnern, so oft es nur immer geschehen kann; denn man wird daraus die vortrefflichsten Wirkungen schöpfen, weil sie Berührungen und Gefühle der göttlichen Vereinigung sind. Man denkt an dieselben nur wegen der Wirkungen des Lichtes, des Friedens und der Liebe, und wegen der geistigen Erneuerung, welche sie vor einer gewissen Zeit zurückgelassen haben. So oft sich die Seele daran erinnert, wird sie auch empfinden, daß etwas von dem ursprünglichen Genuß sich wieder erneuere.

Schließlich bemerken wir noch über den in Rede stehenden Gegenstand, um jedem Mißverständnis zu begegnen: So wie wir nicht wollen, daß man die Erinnerung und den Gedanken an solche Dinge, welche man wissen und tun muß, außer acht lasse; sondern nur, daß keine eigensüchtige Neigung zu ihnen vorherrsche, damit solche Erinnerungen keinen Schaden bringen: ebensowenig wollen wir, daß man keine Bilder von Gott und den Heiligen habe, und ihnen keine schuldige Ehrfurcht bezeigen dürfe. Wir erklären nur den Unterschied zwischen Gott und den Bildern; wir lehren bloß, man solle die Gemälde so anschauen, daß man dadurch sich nicht hindern lasse, nach dem zu zielen, was die Bilder vorstellen. Dies würde geschehen, wenn man sich an die Bilder mehr hinge, als zur Erhebung des Geistes zu dem Geistigen genügt. Was ich hier lehre und nachdrücklich empfehle, das gilt um so mehr von den inneren Bildern und Anschauungen, die in der Seele eine Gestalt erhalten, weil hinsichtlich derselben viele Täuschungen und Gefahren vorfallen können. Was aber die Denkmale der Bilder, die unsere heilige Mutter, die katholische Kirche, aufstellt, so wie die Hochschätzung und Ehrenbezeigung gegen diese Bilder betrifft, so kann für uns keine Gefahr daraus kommen. Das Andenken an dieselben wird vielmehr der Seele nur heilsam sein können. Denn so oft wir an diese Bilder denken, knüpft sich allezeit daran die Liebe gegen das, was sie vorstellen; und so lange man in dieser Absicht von den Bildern Gebrauch machen will, werden sie die Seele allezeit in der Vereinigung mit Gott fördern. Nur muß der Seele, wenn Gott ihr diese Gnade verleiht, von dem Gemälde der Aufflug zur lebendigen Sache gestattet werden, und dann vergesse sie jedes Geschöpf, wie Dinge, welche den Geschöpfen angehören.

21. Kapitel.

Von der Reinigung des Willens überhaupt zur ungeteilten Liebe Gottes.

WIR würden in der Läuterung, Reinigung, des Verstandes, um ihn zu begründen in der Tugend des Glaubens, so wie in der Läuterung des Gedächtnisses und in der Bewahrung desselben in der Tugend der Hoffnung, so viel als nichts geleistet haben, wenn wir nicht auch den Willen läuterten und bereiteten, in gehöriger Ordnung die Liebe, welche die dritte göttliche Tugend ist, zu erlangen. Erst durch die Liebe sind die im Glauben vollbrachten Werke lebendig und von großem Wert; ohne

Liebe aber sind sie ganz wertlos, wie der heilige Jacobus sagt: *Der Glaube ist ohne Werke*[55] *tot.*[56]

Was dem geistigen Menschen zu tun obliegt, um durch die Vereinigung des Willens durch die Liebe zu Gott zu gelangen, ist in den Worten enthalten: *Du sollst den Herrn, deinen Gott, lieben aus deinem ganzen Herzen, aus deiner ganzen Seele, und aus deiner ganzen Kraft.*[57] Denn in diesen Worten wird dem Menschen befohlen, alle Vermögen und Begehrungen, wie alle Tätigkeitsäußerungen und Begierden seiner Seele auf Gott zu richten, und zwar so, daß zu diesem Ende die ganze Geschicklichkeit und Kraft der Seele verwendet werde, wie David sagt: *Meine Kraft will ich für dich bewahren.*[58] Die Kraft und Stärke der Seele besteht aber in ihrem Vermögen, Begierden und Neigungen, welche alle von dem Willen regiert werden. Wenn also der Wille alle Vermögen, Neigungen und Begierden auf Gott richtet, und von allem losreißt, was nicht auf Gott sich bezieht, dann bewahrt er die ganze Kraft der Seele für Gott, und so liebt er Gott aus seiner ganzen Kraft. Damit aber die Seele lerne, dieses zu leisten, wollen wir den Willen hier unterrichten, wie er von allen seinen unordentlichen Anmutungen gereinigt werden müsse, denn von der Unordnung in den Anmutungen kommt es her, daß er seine ganze Kraft nicht für Gott bewahrt. Diese Anmutungen und Begierden sind vier: Freude, Hoffnung, Schmerz und Furcht. Wenn diese Anmutungen nach der gesunden Vernunft ihren Gang nehmen, und wenn die Seele ihnen eine solche Richtung zu Gott gibt, daß in ihr keine Sünde stattfindet, als nur über das, was rein zur Verherrlichung Gottes gehört; wenn sie außer ihm nichts hofft; wenn sie über nichts trauert, als was Gott mißfällt, und nichts als Gott fürchtet, so gibt sie offenbar ihrer ganzen Kraft und Geschicklichkeit die Richtung zu Gott, und bewahrt sie für ihn. Denn je anhaltender die Seele sich über etwas

---

[55] Der Liebe.
[56] Jac. 2, 20.
[57] Matth. 22, 37.
[58] Ps. 58, 10.

außer Gott freut, desto schwächer, und mit desto mehreren Unterbrechungen wird sich ihre Freude mit Gott beschäftigen, und je mehr Hoffnung sie auf ein Ding setzt, desto weniger wird sie auf Gott vertrauen. Dasselbe gilt von den übrigen Leidenschaften.

Die vier genannten Anmutungen maßen sich über die Seele ein um so größeres Recht an, und befehden sie um so mehr, je weniger der Wille in Gott gestärkt und befestigt ist, und je mehr derselbe von den Geschöpfen abhängt. Denn da freut er sich gar leicht über Dinge, die durchaus keine Freude verdienen; da hofft er Dinge, in welchem kein Nutzen ist; er trauert über Dinge, über welche er sich vielleicht hätte freuen sollen, und fürchtet sich, wo nichts zu fürchten ist. Wenn diese Anmutungen ungezähmt sind, dann entspringen aus ihnen alle Unarten und Unvollkommenheiten in der Seele; dagegen aber auch alle Tugenden, wenn sie in guter Ordnung und in gehöriger Richtung stehen. Noch ist zu bemerken, daß diese vier Leidenschaften in so enger Verbindung stehen, daß die übrigen ihrer geheimen Kraft nach allezeit dorthin zielen, wohin sich eine wirklich hinneigt. Denn freut sich der Wille über etwas, so hofft er dies auch, es stellen sich aber auch zugleich Schmerz und Furcht ein, es nicht zu erlangen. Es wird daher nur von der Beherrschung der Freude gehandelt, weil die übrigen nach ihr sich ordnen.

Die Freude ist eine gewisse Belustigung des Willens im Verband mit der Hochschätzung einer Sache, die er für nützlich hält. Denn der Wille freut sich nie über eine Sache, als wenn er auf dieselbe einen Wert legt. Die Freude des Willens kann aber aus sechserlei Gütern entspringen, nämlich aus zeitlichen, natürlichen, sinnlichen, sittlichen, übernatürlichen und geistigen. Um der Freude in allen diesen Gütern eine Richtung auf Gott zu geben, hat man sich an folgenden Grundsatz zu halten: Der Wille darf sich über nichts freuen, als nur über das, was zur Ehre und Verherrlichung Gottes gereicht. Die größte Ehre aber, die wir Gott erweisen können, ist, wenn wir ihm nach der Lehre des Evangeliums dienen. Was nicht damit übereinstimmt, hat für den Menschen durchaus keinen Wert und keinen Nutzen.

Unter den zeitlichen Gütern verstehen wir Reichtum, Herrschaft, Ämter oder Stellen; ferner den Ehestand, Kinder, Blutsverwandte etc. Unter natürlichen Gütern Schönheit, Anmut, Artigkeit, gute Leibesbeschaffenheit und alle übrigen Gaben des Körpers; in Hinsicht der Seele aber einen scharfsinnigen Verstand, eine richtige Urteilskraft mit allem, was zur Vernunft gehört. Unter sinnlichen verstehen wir alles, was in diesem Leben den fünf Sinnen vorkommen kann, so wie die ganze inwendige Werkstätte in der Einbildungskraft und in dem Nachdenkungsvermögen; denn dies alles gehört dem körperlichen, inneren und äußeren Sinn an. Unter den sittlichen meinen wir die Tugenden und Grundneigungen dazu, insofern sie sittlich sind, sowie die Ausübung jeder lobenswerten Handlung, vorzüglich die Werke der Barmherzigkeit, die Beobachtung des göttlichen Gesetzes und der bürgerlichen Ordnung; endlich die gesamte Tätigkeit eines guten Naturells. Unter die übernatürlichen Güter rechnen wir alle von Gott verliehenen Gaben und Gnaden, welche die natürlichen Fähigkeiten[59] und die natürliche Kraft übersteigen. Und unter die geistlichen Güter alles, was zu göttlichen Dingen, zu dem Wandel mit Gott und zu der Gemeinschaft Gottes mit der Seele, anregt und beiträgt, z. B. die bildlichen Vorstellungen der Heiligen, die Bethäuser, die kirchlichen Gebräuche und Zeremonien.

An keines dieser Güter soll der Wille eine Anhänglichkeit, und nur insoweit an ihnen eine Freude haben, als sie ihm dienlich sind zur Förderung im Streben nach der christlichen Vollkommenheit und zur Ehre Gottes. Es zeigen sich aber besonders bei Anfängern in der Tugendübung und in Hinsicht der nötigen Abtötung des Willens eine Menge Unvollkommenheiten, die wir nach den sieben Hauptsünden durchgehen wollen, ehe wir von der Art und Weise reden, wie Gott selbst

---

[59] Talente.

durch innere Leiden den Willen hiervon zur möglichst vollkommenen Liebe reinigt.

22. Kapitel.

Von den Unvollkommenheiten der Anfänger auf dem Weg der Liebe Gottes in Bezug auf die Hoffart und den Geiz.

WENN sich eine Seele entschlossen hat, durch Verleugnung ihres eigenen Willens ernstlich Gott zu dienen, so unterstützt Gott gewöhnlich ihren Eifer in geistlichen Übungen und in tugendlichen Werken mit inneren Tröstungen und heiligen Begierden, die Welt zu verlassen, und ihr Lehen gründlich zu bessern. Daher ist einer solchen Seele recht wohl, wenn sie viele Zeit dem Gebet widmen oder wohl auch ganze Nächte in demselben zubringen darf; ihre Lustbarkeiten sind Bußwerke; ihre Erholung ist das Fasten; ihr einziger Trost ist es, die Sakramente recht oft zu empfangen, und Gespräche von göttlichen Dingen zu führen. Dies anmutige Gefühl, und diese innere Freude zu allem Guten erzeugt gewöhnlich eine Art Selbstdünkel, der zu vielen Unvollkommenheiten dieser Art verleitet. Solche Seelen, die Gott durch heilige Begierden und süße Gefühle der Liebe zur gründlichen Selbst- und Weltverleugnung bewegen, und zu großen Tugendkämpfen stärken will, schöpfen gerne ein Wohlgefallen an dem, was sie tun. Daraus entspringt die Neigung, in Gegenwart anderer vorschnell von geistlichen Dingen zu sprechen. Leicht urteilen und richten sie auch andere in ihrem Herzen, wenn sie an denselben ihre Übungen nicht bemerken. Wenn ihre Beichtväter auf ihre Erfahrungen keinen Wert legen, so meinen sie, man verstehe sie nicht, und verlangen über ihre Geistesan-gelegenheiten mit solchen zu handeln, von denen sie als größeren Geistesmännern voraussetzen, daß sie ihnen nicht widersprechen würden.

Einige solche Menschen betrachten ihre Gebrechen wenig; zu anderen Malen betrüben sie sich zu viel, wenn sie in Fehler fallen, weil sie meinen, sie hätten schon heilig sein müssen. Daher werden sie ungeduldig und erzürnen sich über sich selbst. Sie flehen oft und ängstlich zu Gott, er wolle sie von ihren Fehlern und Unvollkommenheiten befreien; tun aber dies mehr wegen dem ihnen lästigen Gefühl, das daraus entspringt, als aus Liebe zu Gott. Einige Anfänger stürzen immer in solche Unvollkommenheiten, und durch dieselben in noch schwerere Übel; andere fallen nicht so beständig hinein, und einige fühlen nur die ersten Regungen davon.

Wieder andere leiden zuweilen nicht wenig an der geistlichen Geizeskrankheit, indem sie sich mit den von Gott empfangenen Gnaden nicht begnügen, und sich betrüben und beklagen, wenn sie den verlangten Trost nicht finden. Viele derselben werden nie satt, geistliche Ratschläge und Verhaltungsregeln zu hören; sie haben und durchblättern mehrere Bücher, die von solchen Gegenständen handeln, und bringen mit dieser Beschäftigung mehr Zeit zu, als mit rechtschaffenen Handlungen. Auch nehmen sie auf vollkommene Abtötung und Armut des Geistes keine Rücksicht. Viele beladen sich mit Bildern und Kreuzen, die künstlich gefertigt und von großem Geldwert sind. Jetzt wollen sie Bilder von einer solchen, dann von einer anderen Arbeit haben: der größere Kunst- oder Geldwert derselben erhöht auch ihre Neigung dazu, und nicht die Erbauung.

23. Kapitel.

Von den Unvollkommenheiten der Anfänger in Hinsicht der Unkeuschheit.

ICH rede hier nicht von groben Sünden gegen die Keuschheit, sondern nur von den Unvollkommenheiten, die man geistliche Unkeuschheit nennen könnte, nicht als ob es wirklich Unkeuschheit sei, sondern weil man, wenn die Seele geistliche Mitteilungen empfängt, gewisse Empfindungen im Fleisch erfährt, die von der Gebrechlichkeit desselben herkommen. Denn es ist oft der Fall, daß unreine Bewegungen der Sinnlichkeit, selbst unter den geistlichen Übungen, unwillkürlich aufsteigen und empfunden werden. Dies geschieht manchmal, wenn der Geist in einem hohen Gebet begriffen ist, oder von den Sakramenten der Buße und des Altars Gebrauch macht. Da diese Bewegungen nicht in der eigenen Macht liegen, so entspringen sie aus einer der drei folgenden Ursachen:

Bei schwächlichen Menschen können dergleichen Bewegungen zuweilen von der Lieblichkeit kommen, in welche auch die Natur bei der Andacht gewiegt wird. Da der Geist und Sinn hier eine Ergötzung genießen, so wird jeder Teil des Menschen nach seiner Eigenschaft aufgeregt, der Geist, als der obere Teil, wird aufgeregt, sich in Gott zu erquicken; die Sinnlichkeit aber als der niedere Teil, wird stark zu einer sinnlichen Belustigung bewegt; denn dieser weiß keiner anderen Art der Belustigung zu genießen. Daher kann die Seele, dem Geist nach, mit Gott beschäftigt sein, und dem Sinn nach, nicht ohne Widerwillen und Ekel, sinnliche Bewegungen und Empörungen leiden, bis der sinnliche Teil durch die von Gott gesandten inneren Leiden, von denen wir bald handeln werden, dem geistigen, als dem mächtigeren, unterworfen wird.

Die zweite Ursache fleischlicher Empfindungen und Regungen kann manchmal der Teufel sein, um die Seele im Gebet zu beunruhigen. Wenn die Seele solche Empörungen einigermaßen für wichtig hält, sich darüber betrübt und ängstigt, als beleidige sie Gott; so fügt ihr der Feind großen Schaden zu, indem sie aus Furcht vor denselben, und wegen des Kampfes, in welchen sie sich dagegen einläßt, nicht nur im Eifer des Gebets nachläßt, sondern sogar dasselbe aufgibt, was der Teufel beabsichtigt. In dieser Absicht stellt er der Seele wohl auch sehr lebhaft unehrbare, schändliche Dinge vor, und zwar manchmal solche, die mit gewissen geistlichen Gegenständen oder sogar mit Personen, die ihren Seelen nützen, sehr nahe verbunden sind. Auf solche Art will er ihre Bestürzung zum Verderben ihres guten Vorhabens anwenden. Manchmal kommt es mit denen, die auf dergleichen Bewegungen ein Gewicht legen, so weit, daß sie sich nicht mehr getrauen, etwas anzuschauen; denn sie stoßen gleich auf dieses oder jenes. Den Menschen, die ein melancholisches Temperament haben, widerfährt so etwas ganz besonders und mit solcher Heftigkeit, daß sie des Mitleids wert sind. Hat das Gesagte in der Melancholie seinen Grund, so werden, der Regel nach, die damit Behafteten nicht eher frei, bis sie von der schlimmen, melancholischen Feuchtigkeit geheilt werden; wenn sie nicht etwa auch Gott selbst durch innere Leiden auch hiervon reinigt.

Die dritte Ursache so hassenswerter Bewegungen und heißer Kämpfe ist sehr oft die Furcht vor denselben und schändlicher Vorstellungen. Aber eben die Furcht macht, daß sie jene Zufälle ohne Schuld leiden; so wie selbe auch aus den zwei genannten Ursachen schuldlos sind, weil man sie nicht will, sondern verabscheut.

Wenn geistliche Personen reden oder andere Amtsgeschäfte verrichten, steigt zuweilen in ihnen eine außerordentliche Kraft oder Energie auf, die von der Erinnerung an die Personen, welche sie vor sich haben, herkommt, und da gehen sie mit einer Art eitler Belustigung zu Werk. Dieses Benehmen entspringt oft aus der geistlichen Unkeuschheit, wie wir sie hier nehmen. Manchmal folgt auch schon ein gewisses Wohlgefallen des Willens darauf.

Einige lassen sich auch unter einem geistlichen Vorwand mit gewissen Personen ein, die sehr oft nicht von dem Geist, sondern von der Unkeuschheit herkommen. Man kann, ob dieses der Fall sei, daraus abnehmen, wenn aus dem Andenken an eine solche Freundschaft und Liebe nicht das Andenken und die Liebe Gottes, sondern die Gewissensbisse zunehmen. Denn wo die Liebe rein geistlich ist, da wächst auch mit ihrem Wachstum die Liebe Gottes; und je mehr man sich der geliebten Person mit Liebe erinnert, desto mehr denkt man auch an Gott, und desto höher flammt das Verlangen nach ihm empor. Wenn aber eine solche Freundschaft oder Liebe von der Sinnlichkeit kommt, so bringt sie ganz entgegengesetzte Wirkungen hervor. Je mehr eine solche Liebe wächst, desto mehr vermindert sich die Erinnerung und Liebe Gottes, bis sie im Fleisch endet.

24. Kapitel.

Von den Unvollkommenheiten der Anfänger in Hinsicht des Zorns und der geistlichen Geschmackslust.

AUS der unordentlichen Freude, welche manche Anfänger an geistlichen Tröstungen und anderen außerordentlichen Mitteilungen haben, kommt es, daß sie dem gemeinen Lauf nach unter ihren behaglichen Gefühlen mehrere Beimischungen von den Unvollkommenheiten des Zornes haben. Denn sobald jene nachlassen, werden sie der Natur nach verdrießlich und ganz geschmacklos. Sie fallen sich nun selbst zur Last und werden bei geringer Veranlassung unwillig, wenn sie etwas tun sollen. Ja, zuweilen werden sie so unmutig, daß man Not hat, sie zu ertragen!

Zu dem geistlichen Zorn gehört auch der unruhige Eifer, womit sich manche über die Fehler und Unarten anderer entrüsten. Mehrere nehmen sich vor, viele und große Dinge auszurichten; fallen aber um so öfters, je mehr Vorsätze sie machen, weil sie zu wenig demütig sind. Da werden sie unwillig und zornig über ihre Schwachheit, und wollen nicht geduldig darauf warten, bis Gott, nach seinem Wohlgefallen, ihr Flehen erhört. Für alle diese Gebrechen gibt es kein Heilmittel als die Reinigung durch innere Leiden.

Durch die Anhänglichkeit an die geistlichen Tröstungen, die Gott oft Anfängern zu geben pflegt, irregeleitet, sind einige der Meinung, Gott dienen und ihm etwas Angenehmes erweisen, sei nichts anderes, als im Wonnegenuß schwelgen und recht vergnügt sein. Daher ist nur geistliche Geschmackslust oder Völlerei der Grund, warum sie sich in Tugenden und selbstgewählten strengen Abtötungen üben. Wenn ihre Beichtväter ihnen dieselben nicht gestatten, so werden sie betrübt, ohne zu bedenken, daß der Gehorsam als Bußwerk der Vernunft und Bescheidenheit, darum Gott ein weit angenehmeres Opfer ist, als die strengsten leiblichen Abtötungen.

Wenn solche Menschen die heilige Kommunion empfangen, richten sie ihre große Anstrengung nur dahin, daß sie mehr ein gewisses Gefühl der Süßigkeit hervorlocken, als dem in ihnen gegenwärtigen Gott begegnen, und denselben demütig preisen. Sie sind von ihrem Vorurteil so eingenommen, daß sie meinen, unwürdig kommuniziert zu haben, wenn sie sich dabei keine empfindliche Andacht entlocken konnten. Sie glauben es nicht, daß gerade das, was bei der Kommunion dem Sinn zukommt, der kleinste Nutzen dieses allerheiligsten Sakraments, der unsichtbare Gewinn der göttlichen Gnade aber weit größer sei. Diese Leute wollen Gott überall sinnlich kosten und empfinden. Sie schwächen durch ihre gewaltsamen Anstrengungen ihre Seelenkräfte, und verlieren dabei die wahre Andacht und den wahren Eifer zu tugendlichen Übungen. Die Lauheit übermannt sie so sehr, daß sie der rauhen Kreuzesbahn ausweichen. Solche Menschen haben noch eine Menge Unvollkommenheiten, die aus den genannten entstehen; aber der Herr heilt sie zur gehörigen Zeit von denselben durch Versuchungen, Trockenheiten und Trübsale.

25. Kapitel.

Von den Unvollkommenheiten der Anfänger in Hinsicht des geistlichen Neides und der geistlichen Trägheit.

IN Absicht auf diese zwei Hauptsünden begehen Anfänger gleichfalls oft Unvollkommenheiten. Denn mehrere derselben leiden, hinsichtlich des Neides, Bewegungen des Mißfallens an den geistigen Gütern anderer; sie werden betrübt, wenn sie wahrnehmen, daß andere sie auf dem Geistesweg übertreffen. Ihrem geheimen Wunsch nach sollten selbe von niemanden gelobt werden, weil sie über die Tugenden anderer Leute Traurigkeit empfinden. Es mißfällt ihnen, daß sie die Tugenden anderer nicht haben, anstatt sich in wahrer Liebe darüber zu freuen.

In Hinsicht der geistlichen Trägheit haben Anfänger gewöhnlich an Dingen, die hauptsächlich geistig sind, einen Ekel, und weichen ihnen aus, weil sie dem sinnlichen Geschmack nicht gefallen, und zu sehr an die Lieblichkeit geistlicher Dinge gewöhnt sind. Sie wollen nicht mehr beten, wenn ihnen das süße Gefühl der Andacht heilsam entzogen wurde. Sie meinen oft, jenes, wozu sie keine Geneigtheit des Willens und keinen Geschmack finden, sei dem göttlichen Willen nicht angemessen, und nur jenes ihm angenehm, was ihnen ein Vergnügen macht. Sie messen Gott nach sich, und nicht sich nach Gott. Daher werden solche Menschen auch gleich verdrießlich, wenn ihnen etwas befohlen wird, dem sie nicht eine angenehme Seite abgewinnen können, und fliehen vor allem, was Anstrengung kostet, und sie betrüben kann. Da sie in geistigen Dingen durchaus nur auf einem geräumigen Weg gehen, und nach der vorherrschenden Neigung ihres Willens leben wollen, so erfahren sie, wenn sie auf den engen Weg der Vollkommenheit eintreten sollen, von dem Christus redet, große Traurigkeit und einen großen Widerwillen.

Die Unvollkommenheiten der Anfänger mögen nun hinlänglich bezeichnet sein, um sich dadurch zu überzeugen, wie notwendig es für sie sei, daß sie Gott selbst in den Stand der Zunehmenden versetze. Dies geschieht, wenn er sie durch Trockenheiten, innere Dunkelheiten und Versuchungen von dem süßen Gefühl und den inneren Tröstungen entwöhnt, um sie auf den Weg des bloßen Glaubens zu führen. Er nimmt aber auch zugleich alle Unvollkommenheiten, und das ganze alberne, kindische Wesen hinweg. Dafür macht er durch entgegengesetzte Mittel Anstalten, daß sie gründliche Tugenden erwerben können. Denn wiewohl der Anfänger in der Ertötung aller Unarten, bösen Neigungen und Leidenschaften noch so sehr sich übt: so wird er es doch, bevor Gott selbst durch innere Leiden Hand anlegt, nie weit bringen. Wie Gott selbst durch Geistesdürre, scheinbare Verlassenheit, Beraubung alles Lichts, furchtbare Versuchungen dazu ihnen unbewußt beistehe, davon wollen wir im Folgenden reden.

26. Kapitel.

Von der göttlichen
Reinigung der Seele in ihrem sinnlichen Teil.

DA, wie oben erklärt worden, die Weise zu handeln und zu leben, welche die Anfänger auf dem Weg Gottes anwenden, noch unvollkommen ist, und mit ihrer Eigenliebe, wie mit ihrem eigenen Geschmack, eine große Verwandtschaft hat: so will Gott sie weiter fördern und zu einer höheren Stufe der Liebe zu ihm erheben. Er will sie von der niedrigen und unbedeutenden Übung der Sinnlichkeit und des Hin- und Herdenkens, durch welche sie ihn so sparsam und mit so vielen Unvollkommenheiten gesucht haben, befreien, und in die Übung des Geistes versetzen, in welcher sie der göttlichen Mitteilungen reichlicher und ohne so viele Unvollkommenheiten genießen können. Dieses tut Gott aber erst dann, nachdem sie sich schon eine Zeitlang auf der Wanderung zur Tugend geübt, in der Betrachtung und im Gebet verharrt, durch den lieblichen Geschmack, den sie im Gebet höheren Dingen abgewonnen, die Neigung und Liebe zu weltlichen Dingen ausgelöscht und einige geistige Kräfte in Gott errungen haben. Durch diese Kräfte halten sie die unordentlichen Begierden nach zeitlichen, natürlichen, sinnlichen, sittlichen, übernatürlichen und geistlichen Gütern schon etwas im Zaum, und können zur Zeit des Kampfes aus Liebe zu Gott schon einige Last und Dürre so ertragen, daß sie nicht mehr die Flucht ergreifen.

Wenn ihnen nun unter diesen geistlichen Übungen alles nach Wunsch vonstatten geht und Lieblichkeit im Überfluß zuströmt; wenn ferner die Sonne der göttlichen Gunstbezeigungen die heitersten Strahlen auf sie wirft, dann verdunkelt und verbirgt Gott ihnen plötzlich all dieses Licht und verschließt ihnen die Tür, wie den Quell des süßen geistigen Wassers, von welchem sie, so oft und wann es ihnen beliebte, starke Züge in Gott getan haben. Als sie noch schwach und zart waren, standen ihnen alle Türen offen. Jetzt aber läßt Gott sie in so großer Finsternis, daß sie nicht mehr wissen, wohin sie sich mit dem Sinn der Einbildungskraft und mit ihrem Nachdenken wenden sollen; denn es ist ihnen nicht mehr möglich, nur ein wenig so, wie sie zuvor gewohnt waren, zu betrachten. Der innere Sinn ist wie erstickt und einer so großen Dürre hingegeben, daß die Menschen dieses Standes in geistlichen Dingen und frommen Übungen, in welchen sie zuvor lauter Trost und Wohlgeschmack gefunden haben, nicht nur keinen Saft mehr kosten, sondern anstatt desselben nun lauter Bitterkeit und Unlust finden. Denn weil sie vor Gott etwas herangewachsen sind, darum reißt er sie von den süßen Brüsten los, damit sie erstarken. Er läßt sie von seinen Armen herab, und lehrt sie mit eigenen Füßen gehen. Da erfahren sie nun etwas ganz

Neues; denn hier ist alles das Gegenteil von dem, wie es zuvor war, geworden.

Diese Erfahrung machen gewöhnlich die, welche vom Weltgeräusch entfernt sind, nach den Anfängen des geistlichen Lebens, eher als die übrigen; denn sie sind von den Gelegenheiten frei; können nicht so leicht daran denken, den guten Vorsatz wieder aufzugeben, und können auch schneller die Gelüste nach weltlichen Dingen vertilgen, was

eben dazu erfordert wird, wenn man in den Zustand der Reinigung des sinnlichen Teils der Seele eingehen will. Der Regel nach vergeht denen, die so begonnen haben, nicht viele Zeit, bis sie größtenteils in diesen Reinigungszustand versetzt werden, denn man sieht, daß sie gewöhnlich bald solche Trockenheiten leiden. Beispiele dieser Art der sinnlichen Läuterung finden sich auch mehrere in den heiligen Schriften, noch mehrere in dem Leben der Heiligen.

27. Kapitel.

Von den Kennzeichen des Zustands der Reinigung der Seele in ihrem sinnlichen Teil.

DA die genannten Trockenheiten oft nicht von der gemeldeten Läuterung der Seele von den unordentlichen Neigungen herkommen könnten, sondern von Sünden oder Unvollkommenheiten, oder von der Lauigkeit und Nachlässigkeit des Gemüts, oder auch von verdorbenen Säften oder einer sonst nicht gesunden Leibesbeschaffenheit; so will ich hier einige Zeichen angeben, aus denen man unterscheiden kann, ob die wahrgenommene Trockenheit aus der genannten Reinigung, oder aus einem der angeführten Gebrechen entstanden sei.

Das erste Kennzeichen der von Gott kommenden Trockenheit ist, wenn die Seele in göttlichen und erschaffenen Dingen keinen Geschmack und Trost finden kann. Gott versetzt ja die Seele in die Trockenheit des

Geistes, um die sinnlichen Gelüste auszutrocknen und zu läutern; deswegen läßt er nicht zu, daß sie von irgendeiner anderen Sache angelockt werde und daran ein Vergnügen finde. Aus diesem kann man mit Wahrscheinlichkeit erkennen, daß jene Trockenheit, Finsternis und Bitterkeit nicht von neuerdings begangenen Sünden und Unvollkommenheiten herkomme. Wäre dieses der Fall, so würde man eine Geneigtheit oder ein Verlangen nach weltlichen Dingen wahrnehmen, weil die sinnliche Neigung durch jede Nachgiebigkeit genährt wird. Weil aber eine Unlust und Trockenheit des Geistes auch von den genannten natürlichen Ursachen herkommen könnte, so ist auch das zweite Kennzeichen notwendig.

Dieses besteht in der Eigentümlichkeit, daß in dem genannten Reinigungszustand das Gedächtnis zu Gott erhoben wird mit einer gewissen schmerzlichen Besorgnis und Angst, man diene Gott gar nicht. Man gerät auf die Meinung, rückfällig geworden zu sein, weil man bemerkt, daß man das vorige Gefühl in göttlichen Dingen gänzlich verloren habe. Daraus wird offenbar, daß die Trockenheit und Unlust nicht von einer Nachlässigkeit und Lauheit des Gemüts herkomme; denn der Lauheit ist es eigen, daß man sich wenig um göttliche Dinge bekümmere. Es ist daher zwischen der Trockenheit und Lauigkeit ein großer Unterschied. Die Lauigkeit hat viel Unachtsamkeit des Gemüts und Schwäche des Willens, und einen Leichtsinn, der sich wenig kümmert, ob man Gott diene oder nicht. Die Trockenheit aber, welche bloß reinigender Art ist, hat, wie schon gesagt, eine ängstliche, schmerzliche Besorgnis, man diene Gott gar nicht. Wenngleich, wie es manchmal der Fall ist, diese läuternde Trockenheit einige Beimischung von Melancholie oder böser Körperkräfte enthält, so macht sie ihre reinigende Wirkung dennoch, indem man, ungeachtet der Beraubung alles Geschmacks, seine Gedanken doch allein mit Gott beschäftigt. Wenn nur eine nicht gesunde Leibesbeschaffenheit das Herz quält, so bringt sie nichts mit, als lauter Unwohlsein und Zerrüttung der Natur, und zwar ohne irgendein Verlangen, Gott zu dienen. Wiewohl der sinnliche Teil wegen der reinigenden Trockenheit sehr verfallen, schlaff, und wegen des geringen Geschmacks und Trostes sehr schwach ist, so ist doch der Geist nicht weniger bereitwillig und stark zum Handeln.

Da diese Trockenheit sehr geistig und fein ist, so bringt sie auch in der Seele einen Zustand geistiger Ruhe hervor, der die Seele die Einsamkeit suchen heißt, und friedlich und von dem vorigen, schmackhaften, sehr begreiflichen und sinnlichen Trost weit entfernt ist: denn das ist der Friede, von dem David sagt[60], Gott rede denselben zu der Seele. Daher besteht das dritte Kennzeichen, ob diese Trockenheit die Läuterung des Sinnes sei, darin, daß man bei aller möglichen Anstrengung in diesem Zustand nicht mehr betrachten, nachdenken und die Einbildungskraft nicht mehr, wie zuvor, in Regsamkeit bringen kann. Denn da Gott in diesem Zustand sich der Seele mitzuteilen anfängt, so tut er es schon nicht mehr durch den Sinn, und wie er es zuvor durch das Nachdenken getan hat, welches Kenntnisse zusammenfügte und abteilte; sondern durch den lauteren Geist, in welchem kein aufeinanderfolgendes Nachdenken zu finden ist. Gott teilt sich daher der Seele durch eine unmittelbare Wahrnehmung mit; dahin reichen weder die inneren, noch die äußeren Sinne des niedrigen Teils der Seele. Daher kommt es, daß die Einbildungskraft und der Verstand nicht mehr vermögen, sich auf irgendeinen Gegenstand zu stützen oder eine Betrachtung zu beginnen.

In Hinsicht auf dieses dritte Kennzeichen muß bemerkt werden, daß eine so unbehagliche Verhinderung der genannten Vermögen keineswegs von irgendeiner verdorbenen Feuchtigkeit herkomme; denn ist dieses, so kann die Seele, wenn diese Feuchtigkeit, die nie lange in diesem Zustand bleibt, zu wirken aufhört, nach einer mäßigen Anstrengung, gleich wieder betrachten.

Bei jenen, die Gott nicht auf dem Weg der Beschauung oder des Ruhegebets, der bloßen inneren Aufmerksamkeit auf ihn und seine

---

[60] Ps. 84, 9.

Eingebungen führt, ist die Trockenheit in dem Sinn gewöhnlich nicht so anhaltend. Sie leiden zwar manchmal dergleichen, ein anderes Mal wieder nicht; sie können zuweilen nicht nachsinnen, zu anderen Malen vermögen sie es wieder sehr gut, wie sie es gewohnt waren. Diese Menschen versetzt Gott in den trocknen Zustand der Reinigung, um sie zu demütigen, und ihrem Begehren eine ganz andere, reine Richtung zu geben, damit sie sich in geistlichen Dingen nicht an Unmäßigkeit und Lüsternheit gewöhnen; nicht aber, um sie, wie jene, auf den Weg der geistigen Beschauung zu führen. Denn nicht alle, die sich mit Vorsatz auf dem geistlichen Weg üben, werden von Gott zur vollkommenen Beschauung gefördert. Die Ursache, warum dies geschieht, weiß nur Gott allein. Daher kommt es, daß er den Sinn dieser Menschen von den Brüsten der Betrachtung und des Nachdenkens nicht gänzlich, sondern nur zu manchen Zeiten, losreißt.

28. Kapitel.

Von dem Verhalten der Seele während der Reinigung in ihrem sinnlichen Teil.

DENEN, welche wahrnehmen, daß sie durch Geistesdürre, scheinbare Verlassenheit und Finsternis sich im Reinigungszustand befinden, ist es zuträglich, daß sie sich selbst ermutigen und zum ausharrenden Leiden hingeben. Sie sollen nicht zaghaft werden und dem Kummer unterliegen. Sie sollen auf Gott vertrauen, der die, welche ihn mit aufrichtigem und einfältigem Herzen suchen, nicht verläßt, und ihnen allezeit den nötigen Beistand verleiht, bis er sie hinführt zum heiteren und reinen Licht der Liebe. Sie sollen, wenn sie nicht mehr nachsinnen und betrachten können, unbesorgt sein, und sich dafür mit einer gewissen, liebevollen, ruhigen, stillen Aufmerksamkeit auf Gott begnügen, so trocken sie sich dabei auch fühlen, und obgleich es ihnen vorkommt, als tun sie nichts, und als brächten sie die Zeit müßig hin. Man wird wahrlich schon vieles tun, wenn man seine Trostlosigkeit und Trockenheit im Gebet, als wolle man nur wegen eigener Lauigkeit im Gebet an nichts mit Gefühl denken, geduldig erträgt, und im Gebet verharrt. Man muß hier ohne ängstliche Sorge und unmäßige Anstrengung betrachten zu wollen, ausharren. Daraus darf man aber nicht folgern, daß man das Nachdenken ganz aufgeben müsse, was nur dann geschehen darf, wenn es der Herr selbst durch Trockenheit und Trübsal oder durch nur sehr vollkommene Beschauung[61] hindert. Denn zu einer anderen Zeit und bei einer anderen Gelegenheit ist eine solche Stütze und Beihilfe immer notwendig. Vorzüglich ist allezeit zu empfehlen, so trocken es auch geschehen mag, die Betrachtung des Lebens und der Leiden Jesu, die unter allen Mitteln, auf diesem Weg der Reinigung Geduld und Sicherheit zu gewinnen, das beste ist. In diesem Zustand der Gefühllosigkeit soll sich die Seele durch den bloßen Glauben, der jedem Sinn fremd ist, regieren lernen. Dieser Glaube ist auch das Mittel, durch welches sie mit Gott vereinigt wird.

29. Kapitel.

Von den Vorteilen, welche die Seele
durch die Reinigung des sinnlichen Teils gewinnt.

DER erste, hauptsächliche Gewinn der Seele, der ihr durch die genannte Reinigung zuteil wird, besteht in dem ihr eingegossenen Verlangen nach Gott, welches sich zunächst in der Furcht zu erkennen gibt, ihm nicht zu dienen, ihm zu mißfallen in diesem trocknen Zustand, und dann in der Leere des Gemüts, das in nichts Ruhe und Trost findet als in Gott, dessen Nähe sie aber nicht fühlt.

---

[61] Hinziehung aller Aufmerksamkeit auf ihn oder eine göttliche Wahrheit.

Der zweite Vorteil der Seele ist die Kenntnis ihrer selbst und des eigenen Elends. Zur Zeit, wo die Seele in Gott großen Trost und Hilfe fand, und festlich gekleidet war, hatte sie eine größere Zufriedenheit mit sich selbst, und schmeichelte sich, Gott schon irgendeinen Dienst zu leisten. Zu derselben Zeit meint man zwar nicht ausdrücklich, daß es so sei: indessen hängt einem doch wegen der Genüglichkeit, die man in dem lieblichen Gefühl findet, so etwas an. Wird man aber mit jenen Kleidern der Trockenheit, der Bedrängnisse und der Verlassenheit bedeckt, dann zieht sich das vorige, so herrliche Licht, welches man hatte, in das Dunkel. Da durch die verborgene, nicht fühlbare Nähe Gottes das Licht der Gnade jetzt reiner in der Seele leuchtet, so wird die eigene Erkenntnis echter und wahrhafter. Die Seele hält sich nun für nichts, und willigt in keine Selbstgenügsamkeit mehr ein; denn jetzt wird sie ihres Elends gewahr, daß sie aus sich selbst nichts tue und vermöge. Gott nimmt aber auf diese herabgestimmte Selbstgenügsamkeit der Seele, und auf den Kummer, den sie leidet, weil sie ihm nicht dient, eine größere Rücksicht, und schätzt diese Gemütsstimmung weit höher als alle Werke, die sie vorher verrichtete, und mehr als alle Tröstungen, die sie vorher genossen hat, so erhaben sie auch schienen oder wirklich sein mochten.

Aus dieser eigenen Selbstkenntnis kommen unter anderen auch folgende Vorteile: So lange der Seele in ihren Tröstungen alles nach Wunsch vonstatten ging, vergaß sie, aus Mangel an Selbstkenntnis, der Gott schuldigen Ehrfurcht und des geziemenden Anstands, wenn sie sich mit Gott beschäftigte. So wie die Seele durch die verborgene göttliche Erleuchtung im Zustand der Trockenheit ihr Elend und Unvermögen einsieht, so lernt sie auch die Größe und Unermeßlichkeit Gottes erkennen. Wenn die sinnlichen Gelüste, geistlichen Tröstungen ausgetrocknet sind, bleibt der Verstand, weil nicht mehr von jenen eingenommen und verdunkelt, rein und frei, die Wahrheit in sich aufzunehmen. Nebstdem erleuchten und schärfen selbst die Ängste und Trockenheiten des Sinnes den Verstand.

Nebst der Selbstkenntnis und größeren Erkenntnis Gottes schöpft die Seele aus den Trockenheiten und aus der Abtötung der sinnlichen Gelüste die Tugend der Demut, welche der geistlichen Hoffart entgegengesetzt ist. Durch diese, mittelst der genannten Selbstkenntnis erworbenen Demut wird sie von allen jenen Unvollkommenheiten gereinigt, in welche sie zur Zeit ihres Wohlergehens fiel. Man kann nun nicht mehr glauben, besser zu leben als andere; vielmehr hält man alle anderen besser und vollkommener. Man achtet nun, in wahrer Nächstenliebe, jedermann hoch, und richtet andere nicht mehr so, wie man vorher zu tun gewohnt war, als man noch einen gewissen Eifer an sich bemerkte, der an anderen nicht sichtbar war.

Die Demut und die Bereitwilligkeit zum Guten, die Gott ohne alles angenehme Gefühl im Reinigungszustand der Seele verleiht, machen sie frei von den Unvollkommenheiten des geistlichen Geizes.

Hinsichtlich der geistlichen Unkeuschheit wird die Seele durch die Trockenheit und Bitterkeit, die sie in geistlichen Dingen erfährt, offenbar frei von den Unlauterkeiten, die wir angemerkt haben, als wir von dieser Hauptsünde handelten.

Aus den angeführten Vorteilen läßt sich leicht schließen, wie die Seele auch von anderen Unvollkommenheiten durch die genannten inneren Leiden gereinigt wird. Gott hält in der Trockenheit, in die er die Seele versetzt, die Sinne und Begierlichkeit so im Zaum, daß sie am sinnlichen Behagen, es mag aus höheren oder niederen Dingen entspringen, kaum mehr etwas Anlockendes und Nährendes finden können. Die Seele setzt dann selbst diese Bezähmung fort, ändert sich allmählich ganz, tötet sich ab, und bringt sich, der Begierlichkeit nach, so in Ordnung, daß sie die Kräfte ihrer Leidenschaften zu verlieren scheint. Da nun durch die beherrschte Begierlichkeit keine Beunruhigung mehr eintritt, so lebt die Seele durch die Abtötung der Gelüste im Frieden, in geistlicher Ruhe und Stille. Daraus geht auch ein beständiges Andenken an Gott hervor, das eine liebevolle Besorgnis und Furcht im Gefolge hat, man möchte etwa auf dem geistlichen Weg Rückschritte tun. Und so wird die Seele von allen Unvollkommenheiten, die ihr wegen der sinnlichen Neigungen und Gelüste anhingen, und ihren Scharfblick abstumpften, sorgfältig gereinigt. Die Seele übt sich nun zugleich und auf einmal in den Tugenden der Geduld und Langmut, so wie in der Liebe Gottes; denn sie wird zum Rechttun nicht mehr durch angenehmes Gefühl, sondern durch den Aufblick zu Gott bewegt. Endlich übt sich die Seele zur Zeit dieser Trockenheiten und Bitterkeiten auch in der Starkmütigkeit, und in allen sogenannten Haupt- wie in den übrigen theologischen und moralischen Tugenden. Dies alles bezeugt David aus eigener Erfahrung.[62]

Weil die Seele erweicht und durch die Trockenheiten, Schwierigkeiten und andere Versuchungen und Trübsale gedemütigt ist, so wird sie geschmeidig, und sanft gegen Gott, gegen sich selbst, und gegen den Nächsten. Jetzt zürnt sie nicht mehr mit Beunruhigung oder Leidenschaft wegen der eigenen Gebrechen über sich selbst, noch wegen fremder Fehler. Sie ist nicht mehr, wie zuvor, mit Gott nur halb und halb vergnügt; sie klagt nicht mehr unehrbietig darüber, daß er sie nicht schneller vollkommen mache.

Jetzt nimmt auch der Neid ein Ende; denn in diesem Zustand hat die Seele aufrichtige Liebe gegen jedermann. Weil sie sich so elend sieht, darum läßt und gönnt sie allen gerne den Vorzug. Spürt sie noch eine Berührung vom Neid, so ist derselbe tugendhaft, weil sie nämlich verlangt, den Frommen nachfolgen zu können, und das ist schon ein Beweis einer vorzüglichen Tugend.

Oft auch erteilt Gott der Seele mitten unter jenen Trockenheiten und Ängsten, wenn sie am wenigsten daran denkt, eine geistige Freude, eine lautere Liebe, und zuweilen sehr kostbare, geistige Einsichten, von denen jede weit größeren Wert hat, und mehr nützt, als alle Begünstigung oder Tröstungen, die sie vorher genossen hatte; wiewohl die Seele nicht

---

[62] Ps. 26, 3. 4. 7.

meint, daß es wirklich so sei; denn der Einfluß der göttlichen Gnade ist so geistig, daß ihn der Sinn nicht erreicht und fühlt.

Diese Trockenheiten machen, daß die Seele Gott nach reiner Weise liebgewinnt. Da die Gelüste der Sinnlichkeit, denen die Seele vorher anhing, vertrocknen, so bleibt der ängstliche Eifer, nur Gott zu dienen, im Trockenen nackt und bloß, und es wächst die Sorgfalt, Gott zu gefallen, und ihm einen angenehmen Dienst zu erweisen. Nun wird die Seele nicht mehr, wie zur Zeit des Überflusses an süßen Empfindungen, von der Belustigung an einem guten Werk, sondern nur von dem Verlangen, Gott etwas Angenehmes zu erweisen, angetrieben. Sie empfindet an sich selbst kein Wohlgefallen mehr, sondern wird vielmehr furchtsam und mißtrauisch auf sich, und gibt der Selbstgenügsamkeit nicht weiter Raum. Darin besteht aber auch die heilige Furcht, welche die Tugenden vermehrt und bewahrt.

Da nun durch fortwährende ernstliche Ertötung die vier Leidenschaften der Seele: die Freude, die Hoffnung, der Schmerz und die Furcht, in Ruhe gebracht, die Gelüste der Sinnlichkeit abgetötet, und die inneren Sinne und Vermögen des niederen Teils der Seele durch die ungewöhnlichen Trockenheiten zur Aufgebung ihrer Tätigkeit gebracht worden sind: so ist dadurch die Seele vor ihren drei Hauptfeinden, dem Teufel, der Welt und der Sinnlichkeit, geschützt. Sie finden keinen Zugang mehr zu ihr.

Zuweilen gesellen sich aber zu den Trockenheiten und Trübsalen, womit Gott die Seele von ihren Leidenschaften und unordentlichen Begierden und Gelüsten reinigt, bei solchen, die er noch mehr vervollkommnen und zur Liebesvereinigung mit sich führen will, noch schwerere Übel und sinnliche Anfechtungen, von denen wir im Folgenden reden wollen.

30. Kapitel.

Von den Versuchungen mancher Seelen im Übergang aus dem Stand der Anfänger in jenen der Zunehmenden.

ÜBER einige Seelen, welche nach dem Zustand der sinnlichen Läuterung zur Liebesvereinigung mit Gott geführt werden, fällt aus Gottes Zulassung ein Engel des Satans her, nämlich der unreine Geist der Unzucht, um ihre Sinne mit abscheulichen und gewaltigen Versuchungen, Aufregungen im Fleisch zu geißeln, und den Geist mit garstigen Wahrnehmungen, die Einbildungskraft, aber mit sehr sichtbaren Vorstellungen der Unzucht zu quälen. Diese Qual fällt ihnen manchmal schwerer als selbst der Tod.

Zuweilen stellt sich auch ein Geist der Gotteslästerung ein, der sich unerträglich unter alle ihre Gedanken und Begriffe mischt. Diese Lästerungen werden hin und wieder in die Einbildungskraft mit so großer Gewalttätigkeit eingeschoben, daß die mit denselben geplagten Seelen gleichsam einen mächtigen Drang fühlen, sie mit Worten auszustoßen. Sie leiden dabei keine kleine Qual.

Manchmal fällt zu ihrer Übung ein anderer fluchwerter Geist, welchen man den Schwindelgeist nennt, aus Gottes Zulassung über sie her. Derselbe verdunkelt ihren Sinn ungemein und füllt sie mit tausend ängstlichen Zweifeln und Verwicklungen an, die nach ihrer Meinung so ineinander gewirrt sind, daß sie zu ihrer Beruhigung weder selbst irgendwo einen Entschluß fassen, noch ihr Urteil unterwerfen, oder nach der Einsicht und dem Rat eines anderen sich richten können. Sie werden furchtbar geängstigt mit verschiedenen Gedanken, z. B. sie könnten an diesem Ort, in diesem Stand Gott nicht recht dienen, sondern nur in einem Kloster oder anderswo etc. Der Feind beabsichtigt nur die Unzufriedenheit mit ihrem Stand, der Hang zum Kloster ist nur eine Versuchung. Dieser Geist ist entschieden einer aus den schwersten Stacheln, ein Leiden, das dem am nächsten kommt, welches in der Reinigung des Geistes eintritt.

Gott läßt in der Regel während der sinnlichen Läuterung die genannten Stürme und Trübsale über jene hereinbrechen, die er hinauf in die Reinigung des Geistes versetzen will, wiewohl, nach seinem unerforschlichen Wohlgefallen, der Zugang zu derselben nicht allen offensteht. Wenn sie so gereinigt und gleichsam mit Fäusten in das Angesicht geschlagen werden, sollen sie, durch möglichst gelassene Ergebung, ihre Sinne und Vermögen auf die Vereinigung mit der göttlichen Weisheit zubereiten, die sich ihnen da mitteilen will. Wenn die Seele nicht angefochten, durch Trübsale und Versuchungen nicht in der Geduld geübt und bewahrt wird, so bleibt ihr Sinn für göttliche Erleuchtung unempfänglich. Denn die genannten Trübsale reinigen den Sinn am wirksamsten. Auch die Seele wird durch diese Versuchungen schwer hinabgedrückt, um durch Aufgebung alles eigenen Willens und Verstehens, zu der künftigen Erhöhung zugerüstet zu werden.

Wie lange sie in dieser Fasten- und Bußzeit des Sinnes festgehalten wird, darüber läßt sich nichts Gewisses bestimmen; denn nicht alle werden auf eine und ebendieselbe Weise behandelt, und nicht alle leiden die nämlichen Versuchungen. Diese Dinge werden durch den göttlichen Willen genau zugemessen. Gott demütigt, die Seele anhaltender, schärfer oder gelinder, längere oder kürzere Zeit, je nachdem ein Mensch mehr oder weniger Unreinigkeit hat, die ausgereinigt werden muß; so auch nach der Stufe der Liebesvereinigung, zu welcher Gott eine Seele emporheben will.

Die, welche empfänglich und mit größeren Kräften zur Ertragung einer Last begabt sind, läutert er schärfer und schneller; die Schwächeren aber übt er gar schonend durch kleine Versuchungen, aber eine lange Zeit. Dabei verleiht er ihnen, damit sie nicht rückfällig werden, gewöhnlich geistliche Erquickungen des Sinnes. Darum kommen sie aber auch in diesem Leben spät zur lauteren Vollkommenheit; ja, einige derselben gelangen nie dazu. Solche Menschen sind nicht ganz in und nicht ganz außer dem Zustand dieser Reinigung. Sie machen zwar keine Fortschritte, aber Gott übt sie dennoch einige Zeit in solchen Trockenheiten und Versuchungen, um sie in der Selbstkenntnis und Demut zu bewahren. Von Zeit zu Zeit kommt er ihnen mit Tröstungen zu Hilfe, damit sie den Mut nicht sinken lassen, und nicht wieder umkehren, um bei der Welt Trost zu suchen. Vor anderen, noch schwächeren Seelen verbirgt sich Gott manchmal, um sie in seiner Liebe zu prüfen; denn ohne dergleichen Anstoßungen würden sie nie lernen, Gott näherzukommen. Jene Seelen aber, welche zu einem so erhabenen und seligen Stand, wie die Liebesvereinigung ist, hinübergehen sollen, bleiben, obschon sie von Gott sehr schnell bei der Hand geführt werden, der Regel nach, wie die Erfahrung lehrt, gewöhnlich lange Zeit in solchen Trockenheiten und Versuchungen.

31. Kapitel.

Von den Kennzeichen des Übergangs aus dem Zustand der Reinigung der Sinne in den des Geistes.

GOTT versetzt die Seele, welche er weiterführen und noch mehr vervollkommnen will, nicht sogleich da, wo sie von den Trockenheiten und Trübsalen der Läuterung der Sinne ausgeht, in die Liebesvereinigung: vielmehr fließt längere Zeit hin und gewöhnlich sind es viele Jahre, während welcher die von dem Stand der Anfänger ausgegangene Seele sich in dem Stand der Zunehmenden übt. In dem letzteren lebt sie gleich einem, der aus einem finsteren Kerker entkommen ist, in einer viel geräumigeren Weite, mit einer größeren Zufriedenheit in göttlichen Dingen, und genießt reichlicherer und innigerer geistlicher Tröstungen, als die waren, welche sie vor dem Eingang in den Reinigungszustand des sinnlichen Teils verkostet hatte. Jetzt hat sie die Einbildungskraft und die Seelenvermögen nicht mehr so, wie sie gewohnt war, an das Nachsinnen und an einen geistlichen Gedanken gebunden; denn sie findet sogleich ungehindert, ohne mühsames Nachdenken, eine sehr heitere liebeatmende Erkenntnis und ein geistiges beseligendes Gefühl der Nähe Gottes im Gemüt. Zwar fehlt es ihr nie an einigen Trockenheiten, Finsternissen und Beängstigungen, weil die Läuterung der Seele noch nicht ganz vollbracht ist; denn es geht ihr noch der hauptsächliche Teil derselben ab, nämlich die Läuterung des Geistes, ohne welche selbst die sinnliche Läuterung, wenn sie auch noch so scharf war, nicht vollkommen und beendigt bleibt, weil Sinn und Geist in einer Person sich befinden, und zwischen beiden eine beständige Mitteilung obwaltet. Es fehlt also, wie gesagt, der Seele nie an gewissen Dunkelheiten und Ängsten, die sie zu leiden hat, und manchmal heftiger sind und weit tiefer greifen als die vergangenen. Sie sind gleichsam Ahnungen und Vorboten der Reinigung des Geistes, die da kommen soll.

Indessen sind die Trockenheiten und Ängste nicht so langwierig, als die erwartete Reinigung selbst sein wird; denn nach Verlauf einiger Zeit oder gewisser Tage, so lang diese Finsternis dauert, kehrt die gewohnte Heiterkeit wieder in sie zurück; und so reinigt Gott gewisse Seelen, die nicht, wie andere, auf eine so erhabene Liebesstufe emporsteigen werden. Er versetzt sie von Zeit zu Zeit in die Finsternis der geistigen Läuterung, und macht, daß ihnen die Sonne bald auf, bald niedergeht. Gott läßt absichtlich tiefe Finsternis über die Seelen kommen, um sie zur göttlichen Vereinigung hinzuleiten.

Die Lieblichkeit und der innere Geschmack, den die Zunehmenden in ihrem Geist noch reichlicher und leichter finden und erfahren, wird ihnen viel überfließender als vorher mitgeteilt. Er strömt auch mehr, als es gewöhnlich vor jener sinnlichen Läuterung geschah, in den Sinn über. Da jetzt der Sinn geläuterter und reiner ist, so kann er nach seiner Weise die Ergötzungen des Geistes leichter kosten. Da aber dieser sinnliche Teil der Seele schwach, und der starken Dinge des Geistes nicht empfänglich ist; so leiden folglich solche Zunehmende, wegen der dem sinnlichen Teil geschehenen geistigen Mitteilung, an dem Körper manche Nachteile, Magenschwäche, Ohnmachten, und folglich auch Mühseligkeiten in dem Geist, *denn der verwesliche Leib bedrückt,* wie der Weise sagt, *die Seele.*[63] Daher kommt es auch, daß die Mitteilungen jener Dinge, wie sie zu der göttlichen Vereinigung mit Gott erfordert werden, weder sehr gewaltig, noch sehr anhaltend, noch ganz geistig sein können, und zwar wegen Schwachheit und Hinfälligkeit der Sinnlichkeit, die ebenfalls daran teilnimmt.

Daraus entspringen auch die Ekstasen, Verzückungen, und Ausdehnungen der Glieder, die sich immer dann ereignen, wenn die Mitteilungen nicht rein geistig, das heißt, nicht dem Geist allein gemacht worden sind. Rein geistige Mitteilungen, die dem Geist allein gemacht werden, erfahren die Vollkommenen, die auch schon im Geist geläutert sind. Bei diesen hören die Ekstasen und Entzückungen und schmerzhaften Überwältigungen des Leibes auf, weil sie schon ohne Umneblung des Sinnes, und ohne daß derselbe außer sich komme, der Freiheit des Geistes genießen.

Damit man sich aber offenbar überzeuge, wie notwendig es für solche Zunehmenden sei, daß sie auch im Geist geläutert werden, so wollen wir hier einige Unvollkommenheiten und Gefahren bemerken, denen sie noch unterworfen sind.

---

[63] Weish. 9, 15.

32. Kapitel.

Von den Unvollkommenheiten und Gefahren der Zunehmenden.

DIE Zunehmenden haben zwei Arten der Unvollkommenheiten, von denen einige ihren Grund in ihren Neigungen haben, andere aber durch ihr Benehmen entstehen.

Die ihren Grund in ihren Neigungen haben, sind unvollkommene Angewöhnungen, die gleich Wurzeln, in dem Geist zurückgeblieben sind, weil die Läuterung des Sinnes nicht bis in den Geist hineinreichen konnte. Unter den beiden Läuterungen des Sinnes und des Geistes ist gerade der Unterschied, wie zwischen dem Abhauen eines Astes und dem Ausreißen einer Wurzel, und wie zwischen der Tilgung eines frischen Fleckens, und der Tilgung eines schon alten, eingefressenen. Die Reinigung des Sinnes ist, wie wir schon bemerkt haben, nur der Anfang und die Tür zu jener liebevollen Wahrnehmung Gottes, die dem Geist zukommt, und dient vielmehr, den Sinn dem Geist anzunähern, als den Geist mit Gott zu vereinigen. Es bleiben aber im Geist Flecken von dem alten Menschen zurück, obgleich es ihm anders scheint, und er diese Flecken nicht erkennt. Daher kann ohne Reinigung des Geistes die Seele nicht zur Vereinigung mit Gott gelangen.

Dergleichen Menschen leiden auch an einer gewissen natürlichen Betäubung und Unbehilflichkeit, als einer allgemeinen Folge der Erbsünde, so wie an der Zerstreuung und Neigung in das Äußere. Diese Unvollkommenheiten werden heilsam durch die Qualen und Ängste der Geistesreinigung verbessert. Die Neigung in das Äußere wird dadurch einwärts gezogen, und die Zerstreuung gesammelt. Mit diesen Unvollkommenheiten, die ihren Grund in den Neigungen haben, sind alle behaftet, welche den Stand der Zunehmenden noch nicht überschritten haben.

In wirkliche Unvollkommenheiten fallen aber nicht alle auf gleiche Weise; jedoch fallen einige, weil sie das geistig Gute so sehr nach Außen haben und der Weg dazu den Sinnen leicht offensteht, in jene Unschicklichkeiten und Gefahren, von denen wir schon geredet haben. Besonders finden sie Mitteilungen und Erfassungen von seiten des Sinnes und Geistes im Überfluß und erblicken da häufig geistige, und Erscheinungen und Offenbarungen in der Einbildungskraft. Denn alles dieses nebst anderen süßen Empfindungen ereignen sich in diesem Stand. Der Teufel und die eigene Phantasie legen der Seele in diesen Dingen sehr oft Fallstricke und täuschen sie. Der Teufel drückt gewöhnlich die genannten Mitteilungen oder Empfindungen mit großer Lieblichkeit ein. Deswegen betäubt und betrügt er die Seele sehr leicht, wenn sie sich nicht mit Vorsicht in der Anspruchslosigkeit behauptet und starkmütig gegen alle Offenbarungen und Empfindungen kämpft. Hier kann es der Teufel so weit bringen, daß solche Menschen vielen eitlen Vorhersagungen Glauben beimessen. Er macht, daß sie verwegenes Vertrauen schöpfen und meinen, Gott und seine Heiligen hielten Gespräche mit ihnen. Im Grunde aber glauben sie häufig nur der eigenen Phantasie oder dem Teufel. Hier pflegt auch der Teufel sie mit Hochmut und Anmaßung zu erfüllen; und deswegen lassen sie, angelockt von Eitelkeit und Ruhmsucht, Handlungen, z. B. Verzückungen und andere, aufsehenerregende Dinge blicken, die einen Schein der Heiligkeit für sich haben. Sie werden auch keck, und ihr Umgang mit Gott wird über die Gebühr vertraulich, weil sie die heilige Furcht auf die Seite setzen. Einige verwickeln sich in so vielfache Täuschungen, daß sie darin verhärten.

Von diesen Gefahren, sowie von den üblen Grundneigungen, Empörungen und Unordnungen des sinnlichen Teils, welche jene möglich machen, will Gott seine Getreuen durch die Reinigung des Geistes gänzlich befreien, wodurch Sinn und Geist von den genannten Wahrnehmungen und Ergötzungen vollkommen entblößt werden. Wenn dieses geschehen ist, wird die Wirkung davon sein, daß die Seele durch den bloßen Glauben sich leiten läßt. Dieser Glaube ist das eigentliche, vollgültige Mittel, durch welches die Seele mit Gott vereinigt wird. Um dazu zu gelangen, entblößt Gott mit Gewalt die geistigen, wie die sinnlichen Vermögen und Neigungen, die inneren und äußeren Sinne dadurch, daß er den Verstand in der Dunkelheit, den Willen in der Dürre, das Gedächtnis in einer Öde, die Empfindungen der Seele in der höchsten Qual, Angst und Bitterkeit läßt, und der Seele selbst jedes tröstliche Gefühl an geistlichen Gütern abnimmt.

33. Kapitel.

Von den inneren Leiden in der Reinigung des Geistes.

DIE erste Qual der Seele, durch die der Geist von den Flecken der Sinnlichkeit und der Eigenliebe gereinigt wird, besteht darin, daß sie sich, als Folge innerer göttlicher Erleuchtung, ohne es zu wissen, so unrein und elend sieht, daß sie meint, Gott sei gegen sie, und sie gegen Gott. Dies macht ihr soviel Schmerz und Kummer, daß sie sich von Gott ganz verstoßen und verworfen hält. Das Quälendste ist ihr noch, daß sie befürchtet, sie könne nie Gottes würdig werden, und habe nun ihr Gutes samt und sonders verloren. Das quälende Gefühl entspringt daher, weil sie in die wahre Erkenntnis ihrer selbst und in die lebendige Erfahrung ihrer Übel und Armseligkeiten tief versenkt ist.

Eine andere Pein und Qual entspringt der Seele aus ihrer natürlichen Geistesschwachheit. Das göttliche Licht trifft die Seele, sowohl um sie zu stärken, als sie zu bändigen. Deswegen empfindet sie in ihrer Schwächlichkeit eine solche Qual, daß sie darüber gleichsam in Ohnmacht fällt. Dieses geschieht hin und wieder besonders heftig, wo das Licht mächtiger durchschießt; denn da werden Sinn und Geist so beängstigt, als würden sie von einer unermeßlichen und dunklen Last niedergedrückt. Sie geraten in so heftige Todesnot, daß sie gerne das Sterben wie eine Erquickung wählen würden. Die Seele fühlt sich so niedergedrückt, daß es ihr scheint, auch das, worin sie sonst eine Hilfe oder Stütze zu finden pflegte, sei mit ihren übrigen Gütern verschwunden, und es finde sich gar niemand mehr, der mit ihr ein Mitleid habe. In dieser Hinsicht sagte auch Hiob: *Habt Erbarmen mit mir, habt Erbarmen mit mir, wenigstens ihr, meine Freunde, weil die Hand des Herrn mich berührt hat.*[64]

Die dritte Art der Qual und Pein, welche die Seele in dieser Reinigung leidet, kommt daher, daß es ihr vorkommt, sie sei von Gott verworfen, und als eine Hassenswerte in Finsternisse hinabgestoßen. Ja, die Seele erfährt wirklich, wenn das göttliche Licht sie von den Eigenheiten des alten Menschen reinigt, auf lebendige Weise die Schatten des Todes, die Schmerzen und Seufzer der Hölle, die darin bestehen, daß man erfährt, wie man ohne Gott sei, und in seinem Zorn und Unwillen von ihm gestraft und verworfen werde. Alles dieses empfindet man, und, was noch das Schmerzlichste ist, mit grauenvollem Entsetzen scheint es, es sei ewig alles verloren. Auf gleiche Weise fühlt man sich auch von allen Geschöpfen, besonders aber von seinen Freunden verlassen und verachtet.

Die vierte Gattung der Pein besteht darin, daß die Seele, bei der Erinnerung an die Majestät und Größe Gottes, die äußerste Armut und das äußerste Elend empfindet. Diese Empfindung ist gleichfalls eine der größten Qualen, die sie in der gegenwärtigen Läuterung leidet. Sie sieht, daß sie im Elend der Unvollkommenheiten und Trockenheiten, und in der Verlassenheit des Geistes sei. Der sinnliche Teil wird durch die Trockenheit, der Geist durch dunkle Finsternis geläutert, und die Seele leidet, nebst der natürlichen und geistigen Armut und Leerheit, eine große Verzehrung und eine inwendige Qual zur Ertötung der unvollkommenen Grundneigungen, die in der Seele tiefe Wurzel geschlagen

---

[64] Hiob 19, 21.

haben. Würde Gott nicht Vorsehung treffen, daß dergleichen Empfindungen, wenn sie lebhaft in der Seele sich entzündet haben, sich bald wieder milderten, so müßte sie nach wenigen Tagen den Leib verlassen. Es werden aber gewöhnlich in die Zeiten, wo man zuinnerst und sehr lebhaft jene Empfindungen erfährt, auch Linderungen eingeschaltet. Diese Lebhaftigkeit der schaudererregenden Geistesarmut wird aber manchmal so stark gefühlt, daß die Seele meint, sie sehe das Verderben und die Hölle offen. Solche Menschen sind aus denen, welche lebendig in die Hölle hinabsteigen, und in derselben wie im Fegefeuer gereinigt werden. Dies ist die natürliche Reinigung, welche sie sonst für ihre, wenn gleich nur läßlichen Schulden daselbst hätten leiden müssen. Und so ist die Seele, welche hier durchgeht, auch schon gehörig gereinigt, daß sie, nach dem leiblichen Tod, gar nicht in das Fegefeuer kommt, oder nur kurze Zeit darin bleibt; denn hienieden nützt eine Stunde mehr, als dort viele.

Die Drangsale und Beängstigungen des Willens sind in diesem Läuterungszustand gleichfalls so groß, daß die plötzliche Erinnerung an die Übel, in welchen sich die Seele durch die göttliche Erleuchtung sieht, und die Ungewißheit eines Rettungsmittels dagegen, sie manchmal wie tödlich verwundet. Dazu kommt noch die Erinnerung an die bei dem Eintritt in diese Reinigung genossenen lieblichen Mitteilungen. Die Rückkehr dazu scheint unmöglich, und ebendieser Gedanke ist es, der ihr Innerstes am Schmerzlichsten zerreißt. Hiervon redet Hiob.[65] Eine Menge anderer Stellen hierüber ließen sich aus den heiligen Schriften anführen. Dazu kommt noch, daß die Seele in diesem so bemitleidungswürdigen Zustand in keinem geistlichen Buch und bei keinem geistlichen Lehrer Trost findet. Wenn auch Geistmänner ihr vielfach Trostgründe vortragen, so versteht sie selbe nicht, oder es liegt nicht in ihrer Macht, dieselben glauben zu können. Bis der Herr, nach solcher Weise, wie es ihm gefällt, ihre Läuterung endet, gibt es kein Mittel, das ihren Schmerz

---

[65] Hiob 16, 13-17.

lindern könnte. Um so weniger kann die Seele in diesem Zustand sich selbst helfen. Sie wird wie in einem finsteren Kerker festgehalten, bis der Geist recht geschmeidig, demütig und lauter gemacht, und so einfältig wird, daß er mit dem göttlichen Geist eins werden kann, nach der Stufe und dem Maß der Liebesvereinigung, zu welcher die göttliche Erbarmung sie fördern und emporheben will; denn genau nach diesem ist die Läuterung mehr oder minder streng, von kürzerer oder längerer Dauer. Sie dauert oft einige Jahre.

Während dieser Zeit gibt es einige Ruhepunkte, wo die Qualen unterbrochen werden, und auf Gottes Anordnung die Seele die größte Wonne des Friedens genießt. Manchmal strömt ihr dieser geistliche Trost, als ein gewisses Kennzeichen des Heils, welches die Läuterung in ihr wirkt, so stark zu, daß sie meint, die Trübsale hätten schon ein Ende genommen. Da aber der Geist in diesem Zustand von den Unvollkommenheiten, die er sich von dem niedrigen Teil zugezogen hat, nicht gänzlich geläutert ist, so hat er, wegen der Verwicklung in die bemerkten Unvollkommenheiten, noch Peinen und Drangsale zu bestehen, obschon er mit einer noch so großen Festigkeit und Stärke begabt ist. So sehen wir, daß auch David sich in der Folge wieder änderte, und von mehreren quälenden Übeln befallen wurde, wiewohl er zur Zeit seiner Friedensfülle gemeint, und gesagt hatte, er würde gar nie mehr unruhig werden. Auf gleiche Weise bemerkt die Seele, wenn sie sieht, daß sie wirklich eines Überflusses an Licht, Liebe und Frieden genießt, die Wurzel der Unvollkommenheiten und Unlauterkeit nicht, die noch in ihr verborgen liegen. Darum meint sie, ihre Drangsale und Peinen hätten schon ein Ende. Diese Meinung kommt aber nicht oft vor. Denn die Seele steht gewöhnlich immer in Sorgen, der Kampf möchte wieder beginnen, wie es denn auch wirklich geschieht, wenn sie am wenigsten daran denkt, ehe die Reinigung vollendet ist.

Obgleich die Seele in diesem Reinigungszustand meint, sie liebe Gott nicht, so liebt sie ihn doch in diesem Leiden viel stärker und wahrhafter als je. Sie würde wegen seiner tausend Leben hingeben; dies bringt ihr indessen keinen Trost, sondern macht ihr vielmehr großen Kummer. Daß sie es so schmerzlich empfindet, weil sie sich so elend sieht und zweifeln muß, ob sie ihn liebe, ist ein Beweis, daß sie Gott sehr liebt und nur seiner wegen sich abhärmt.

In diesem Zustand findet sich noch etwas, das die Seele ungemein quält. Sie kann ihr Gemüt nicht mehr, wie sonst, zu Gott erheben, und von ihm durch ihr Gebet nichts erflehen, wegen der Gebundenheit ihres Denkvermögens und ihrer Neigungen. Wenn sie auch zuweilen betet, so geschieht es ohne Andachtsempfindung und mit so großer Trockenheit, daß es ihr vorkommt, Gott höre sie nicht, und nehme auf ihr Flehen keine Rücksicht. Sie kann auch dem öffentlichen Gottesdienst nur mit geringer Aufmerksamkeit beiwohnen. Weil in dieser Reinigung nicht nur der Verstand von seiner unvollkommenen Erkenntnis, und der Wille von seinen Neigungen; sondern auch das Gedächtnis von seinen Kenntnissen und Nachsinnungen geläutert wird, so ist es der Seele nützlich, daß sie in allen diesen Dingen vernichtet werde.

34. Kapitel.

Von den beseligenden Wirkungen der Leiden der Reinigung des Geistes.

HIER bleibt noch zu sagen übrig, daß die Seele nur wegen ihrer Erhöhung und Erleuchtung so gedemütigt und in einen so jammervollen Zustand versetzt wird. Denn das Licht, das ihr verliehen werden soll, ist ein unvergleichlich hohes, göttliches Licht, das von dem Verstand auf eine natürliche Weise nicht erfaßt werden kann. Damit also der Verstand die Vereinigung mit dem göttlichen Licht erreichen könne, ist es unumgänglich notwendig, daß er zuvor in seinem natürlichen Licht geläutert und vernichtet werde.

Das Nämliche geht auch in dem Willen vor. Die Liebesneigung, welche der Seele in der göttlichen Vereinigung erteilt werden soll, ist ebenfalls göttlich, sie übertrifft jede natürliche Neigung, jedes natürliche Gefühl, und geht weit über die Unvollkommenheit des menschlichen Begehrungsvermögens hinaus. Damit nun der Wille diese göttliche Liebesvereinigung erreichen und eine so hohe Wonne verkosten könne, ist es nötig, daß er zuvor in allen seinen Neigungen und Gefühlen geläutert, vernichtet, und deswegen in der Trockenheit und in den Ängsten so lange gelassen werde, als es die Reinigung von den Unvollkommenheiten notwendig macht, welche er sich in der natürlichen Liebe und Neigung sowohl zu göttlichen als menschlichen Dingen angeeignet hat. Dadurch wird die Seele wahrhaft arm im Geist und von dem alten Menschen entblößt, um im Zustand der Vereinigung mit Gott jenes neue und selige Leben führen zu können.

Während der Reinigungszeit des Geistes zeigt sich die Liebe, die Gott der Seele eingegossen hat, ohne ihr Bewußtsein in einer so starken Hochschätzung Gottes, daß ihr größtes Leiden in der Furcht besteht, Gott verloren zu haben und von ihm verworfen zu sein. Könnte sie nur davon Versicherung haben, daß sie Gott nicht verloren habe, und daß alles zur Förderung der Ehre Gottes und ihres Wohlseins diene, und Gott nicht über sie zürne, so würde sie alle jene Qualen für nichts achten, ja sich vielmehr darüber freuen, weil sie wüßte, daß sie Gott einen angenehmen Dienst leiste. Wenn nun aber die Seele von der göttlichen Liebe entzündet wird, dann gewinnt sie gewöhnlich mit der Hochschätzung gegen Gott zugleich so große Kräfte und so viel Mut, daß sie ohne irgendeine Rücksicht, höchst unerschrocken, gleichsam in einer Trunkenheit, außerordentliche und ungewöhnliche Dinge unternimmt, um den finden zu können, den ihre Seele liebt.

Dies war die Ursache, wegen welcher Maria Magdalena, wiewohl sie von guter Herkunft war, sich um die Gesellschaft edler und unedler Menschen im Haus des Pharisäers nicht bekümmerte, sowie daß es gegen den Anstand sei, unter fröhlichen Gästen Tränen zu vergießen. Es war ihr, ohne eine Überlegung anzustellen, bloß darum zu tun, unverzüglich, ohne Erwartung einer schicklichen Zeit und Gelegenheit, zu dem zu gelangen, von welchem ihre Seele schon verwundet und entflammt war. Dieselbe Kühnheit und Trunkenheit der Liebe zeigte sie auch bei dem Grab Jesu. – Ebenso sind die Liebesängste beschaffen, welche die Seele erfährt, wenn sie in der geistigen Läuterung schon weit gefördert ist. Zwar ist die Seele in der Liebe noch nicht vollkommen, weil sie die Vereinigung noch nicht erreicht hat; aber der Hunger und Durst nach der Vereinigung mit Gott, sowie die Kräfte, welche die Liebe bereits dem Willen verliehen, und womit sie denselben entflammt hat, machen bei ihr diese Wirkung, obschon sie sich in ihrem Elend derselben unwürdig hält.

35. Kapitel.

Von zehn Stufen der Liebesvereinigung mit Gott nach der Lehre des heiligen Bernhard und Thomas von Aquin.

MAN kann die Liebe zu Gott in zehn Stufen abteilen. Auf der ersten Stufe entsagt die Seele der Sünde und allem, was nicht auf Gott sich bezieht, und zwar aus lauter Liebe zu Gott. Wenn sie nun auf dieser Stufe der Läuterung in keinem Geschöpf und anderen Dingen Trost finden kann, so beginnt sie unverweilt von dieser Stufe auf die andere zu steigen.

Die zweite Stufe macht, daß die Seele unaufhörlich in allen Dingen Gott sucht, wie Maria Magdalena. Bei allem, was ihr nur immer zu Sinn kommt, gedenkt sie seiner. Wenn sie mit anderen redet, oder Geschäfte abzumachen hat, sucht sie Gelegenheit, von ihrem Geliebten zu reden. Wenn sie ißt, schläft, wacht, oder sonst ein Werk vornimmt, sind alle ihre Gedanken auf Gott gerichtet, wie oben von einer Seele, die durch die göttliche Liebe entzündet ist, gemeldet wurde. Da nun die Liebe auf dieser zweiten Stufe genesen und Kräfte zu gewinnen anfängt, so besteigt sie unverweilt die dritte Stufe mittelst eines neuen Läuterungsgrades, der neue Wirkungen hervorbringt.

Die dritte Stufe der Liebe treibt die Seele zu einer Tätigkeit an, die sie nicht müßig ruhen läßt. Wenn die Gottesfurcht als ein Kind der Liebe, ein so großes Verlangen nach dem Wohlgefallen Gottes hervorbringt, was wird die Liebe selbst zustande bringen? Auf dieser Stufe leidet die Seele wegen der großen Liebe zu Gott ungemeine Bedrängnisse und Qualen, wenn sie bedenkt, wie wenig sie um Gottes willen tue. Würde es ihr zugelassen, tausendmal für ihn zu sterben, so wäre das ihr höchster Trost. Nun aber achtet sie sich in allem, was sie tut, für unnütz, und meint, sie lebe im Müßiggang. Sie hält sich aus zwei Ursachen für die Ärmste und Verwerflichste: Erstens, weil ihr die Liebe schon Unterricht gibt, wieviel Gott wert sei; zweitens, weil sie in diesem Stand aus allem, so viele Werke sie auch für Gott verrichtet, der erkannten Mangelhaftigkeit wegen, nur Beschämung und Kummer schöpft; denn sie sieht ein, daß in Hinsicht der Größe Gottes ihre Handlungsweise nur gering und verwerflich sei. Auf dieser dritten Stufe ist eitler Ruhm, Anmaßung oder lieblose Beurteilung anderer weit von der Seele entfernt. So sorgsame und ängstliche Wirkungen, nebst vielem Ähnlichen, bringt diese dritte Liebesstufe hervor, und darum erhält die Seele auf derselben Stärke und Mut, bis zur vierten Stufe aufzusteigen.

Die vierte Stufe der Liebe ist die, wo der Seele ein gewisses, beständiges Leiden und Dulden um des Geliebten willen, und zwar ohne irgendeine Ermüdung, verliehen wird. *Denn die Liebe macht,* wie der heilige Augustin sagt, *alles Schwere und Lästige sehr leicht.* In diesem Liebesstand ist der Geist stark, hält das Fleisch in der Untertänigkeit, und achtet dasselbe so wenig, wie ein Baum eines seiner Blätter. Die Seele sucht hier durchaus nicht, weder in Gott, noch in irgendeinem Ding, ihren Trost oder ihre Behaglichkeit. Auch fleht sie bei Gott nicht aus

Eigennutz um Gaben. Jede Rücksicht auf eignen Vorteil oder Trost ist ihr fremd; denn ihr ganzes Denken, ihre ganze Emsigkeit zielt nur darauf hin, daß sie Gott in irgendeiner Sache wohlgefallen, oder ihm irgendeinen Dienst erweisen könne, wenn er ihr auch noch so teuer zu stehen käme, und zwar deswegen, weil Gott dessen unendlich wert ist, und wegen der unzählbaren Wohltaten, die sie von ihm schon empfangen hat. Auf dieser erhabenen Stufe der Liebe wird die Seele von Gott oft im Geist in ihren Leiden für ihn übernatürlich erquickt und getröstet.

Auf der fünften Liebesstufe verlangt die Seele mit einer gewissen ungeduldigen Sehnsucht nach Gott. Die Heftigkeit, mit welcher die Liebende zum Geliebten hingezogen wird, um ihn zu umfassen und sich mit ihm zu vereinigen, ist so groß, daß ihr jeder, auch der kleinste Verzug sehr schwer wird, und daß sie immer meint, jetzt finde sie den Geliebten. In diesem Zustand nährt sich die Seele von der Liebe; denn wie der Hunger, so auch die Sättigung.

Die sechste Stufe macht, daß die Seele sehr schnell zu Gott läuft durch die Hoffnung, welche hier die Liebe, die sie gestärkt hat, recht geschickt in Flug versetzt. Von dieser Liebesstufe redet Jesaia, da er sagt: *Die aber, welche auf den Herrn hoffen, werden eine andere Stärke bekommen, werden Flügel wie die Adler annehmen, werden laufen*[66] *ohne Müdigkeit zu spüren, werden immer fortwandeln, und die Kräfte nicht verlieren.*[67] Zu dieser Stufe eignet sich auch, was David sagt: *Wie der Mensch nach der Wasserquelle verlangt, so, o Gott, verlangt meine Seele nach dir!*[68] Und so schwingt sich die Seele unverzüglich von dieser sechsten auf die siebente Stufe.

Auf dieser stand Moses, als er zu Gott sagte: *Entweder lasse ihnen diese Schuld nach, oder wenn nicht, lösche mich aus dem Buch, das du geschrieben*

---

[66] In der Übung der Gottes- und Nächstenliebe.
[67] Jes. 40, 31.
[68] Ps. 41, 1.

hast.[69] Dergleichen Menschen erhalten auch von Gott das, um was sie mit so liebenswürdiger Freimütigkeit bitten. Deswegen sagte David: *Habe deine Lust an dem Herrn, dann wird er dir geben, was dein Herz verlangt.*[70] Hier muß man aber wohl bemerken, daß es der Seele nicht erlaubt sei, sich einer solchen Kühnheit zu bedienen, wenn sie sich innerlich nicht dazu angetrieben fühlt, damit sie nicht etwa von den erstiegenen Liebesstufen wieder herabstürze; denn allezeit muß sie sich auf denselben demütig und bescheiden verhalten. Aus der Herzhaftigkeit und Freimütigkeit, die Gott auf dieser siebenten Stufe mitteilt, um die Seele durch die Heftigkeit der Liebe gegen ihn kühn zu machen, folgt die achte Stufe, welche die Erfassung des Geliebten und die Vereinigung mit ihm ist.

Auf dieser Stufe wird das Verlangen der Seele erfüllt, jedoch mit gewissen Unterbrechungen; denn einige Seelen erreichen zwar diese Vereinigung, aber nicht mit vollkommener Sättigung: sonst hätten sie, wenn sie sich immer auf dieser Höhe behaupten könnten, schon eine Art der Glorie. Deswegen werden der Seele nur kurze Zeiten auf dieser Stufe zuweilen vergönnt.

Die neunte Stufe ist nur denen eigen, die schon lieblich in Gott brennen durch die Wirkung des Heiligen Geistes. Deswegen sagt der heilige Papst Gregor der Große: die Apostel hätten, als der Heilige Geist sichtbar über sie herabkam, inwendig durch die Liebe wonnevoll gebrannt. Man kann die Gnaden, welche die Seele auf dieser Liebesstufe höchst beseligend genießt, mit Worten nicht ausdrücken, wenn man auch viele Bücher darüber schreiben wollte.

Die zehnte und letzte Stufe der Liebesvereinigung gehört schon nicht mehr zum Stand des gegenwärtigen Lebens. Sie macht, daß die Seele, wegen der klaren Anschauung Gottes, eine gänzliche Ähnlichkeit mit ihm empfängt. – Dergleichen Seelen machen allerdings eine kleine Zahl

---

[69] 2. Mos. 32, 31.
[70] Ps. 36, 4.

aus; aber in diesen bringt die Liebe durch die beschriebene Läuterung des Geistes gewöhnlich das Nämliche zustande, was in dem anderen Leben das Reinigungsfeuer wirkt. Daher sagte unser Herr: *Selig sind, die ein reines Herz haben; denn sie werden Gott anschauen.*[71] Und dieses Anschauen ist, wie schon gesagt, die Ursache der vollständigen Ähnlichkeit der Seele mit Gott; denn so hat es der heilige Johannes bezeugt: *Wir wissen, daß wir ihm, wenn er kommen wird, ähnlich sein werden; und wir werden ihn sehen, wie er ist.*[72] Alles, was die Seele ist, wird daher Gott ähnlich sein, und deswegen wird sie durch die Teilnahme einen göttlichen Namen und ein göttliches Sein empfangen.

Das sind die Stufen der Liebe, auf welche die Seele, durch die in ihr in den genannten Reinigungszuständen verborgen wirkende Erleuchtung und durch das ängstigende Feuer der Liebe Gottes, gefördert wird. Auf der höchsten Stufe ist der Wille abgestorben aller Anhänglichkeit an sich selbst, und zeitliche und geistliche Dinge, und das Verlangen der Seele mit Gott, nach seiner Weise, so innig verbunden, daß sie nur will, was Gott will, und nach ihrer vollkommensten Überzeugung, ihre höchste Freude und Glorie darin liegt, wenn nur geschieht, was Gott will, für den sie allein lebt und stirbt.

36. Kapitel.

Warum so wenige Seelen zur Liebesvereinigung mit Gott gelangen?

DER Grund, warum die Zahl derer, die zu einem so hohen Stand der Vollkommenheit gelangen, so gar klein ist, liegt darin, weil es unter denen, die Gott auf dem Weg der Reinigung dahin fördern will, viele Schwache gibt, die gleich vor der Arbeit fliehen, und weder die geringste

---

[71] Matth. 5, 8.
[72] I. Joh. 3, 2.

Trostlosigkeit und Abtötung aushalten, noch mit einer gründlichen Geduld Hand anlegen wollen. Daher kommt es auch, daß Gott sie nicht weiterführt, sie nicht tiefer läutert durch innere und äußere Leiden, und sie vom Staub der Erde nicht aufhebt, weil er sie nicht stark und beharrlich genug findet, die Wohltat anzunehmen, die er zu ihrer Vervollkommnung ihnen anbot. Hier wird eine größere Stärke und Beharrlichkeit erfordert, als man gewöhnlich meint.

O Seelen! Die ihr in lauter Trost und Sicherheit zu leben wünscht, möchtet ihr doch erkennen, wie nützliches für euch sei, um zu diesem Stand zu gelangen, Trübsale auszustehen, und wie sehr die Erduldung der inneren und äußeren Leiden und die Abtötung der sinnlichen Gelüste und der Eigenliebe zum Gewinn so erhabener Güter fördere: dann würdet ihr auf keine Weise in irgendeinem Ding Trost suchen, sondern vielmehr das von lauter Galle und Essig triefende Kreuz willig tragen. Ihr würdet euch nicht mehr weigern, Geringeres zu erdulden, um euch schwerer Prüfungen würdig zu machen. In Erwägung, daß ihr so der Welt und euch selbst absterben, und für Gott in den Vergnügungen des Geistes leben könntet, würdet ihr dies noch für eine Glückseligkeit halten. Ihr würdet durch gleichmütige Ertragung der äußeren Beschwernisse verdienen, daß Gott seine Augen auf euch würfe, um euch gründlich zu läutern, und inwendig euch von dem zu reinigen, was dem Geist zur Vereinigung mit ihm hinderlich ist. Denn die, welchen Gott eine solche Gnade erweisen will, müssen ihm zuvor viele Dienste geleistet, viele Geduld und Standhaftigkeit geübt, und ein gottgefälliges Leben geführt haben. Deswegen sagte der Engel zu Tobias[73], er habe, weil er bei Gott angenehm war, jene Gnade erhalten, daß er mit Trübsalen geplagt wurde. Gott prüfte ihn noch mehr, um ihm vortrefflichere Gnaden zuzuwenden. Und so hat Tobias in der Folge, als die Trübsale überstanden waren, nach dem Zeugnis der Schrift, seine noch übrige

---

[73] Tob. 12, 13.

Lebenszeit in Freuden zugebracht. Das Nämliche kann man an Hiob sehen.

Auf gleiche Weise benimmt sich Gott gegen die, welche sich in der Besserung ausgezeichnet haben. Er will sie auch vor anderen erhöhen, und da läßt er es zu, daß sie von innen und außen angefochten, geplagt, gequält, und so gereinigt werden. Ja, er läßt dieses in dem höchstmöglichen Grad geschehen, um sie durch die Vereinigung mit seiner Weisheit ihm ganz ähnlich zu machen! Und dieses ist unter allem der erhabenste Stand.

Es ist daher der Seele sehr zuträglich, wenn sie jene Trübsale, die äußeren und inneren, die leiblichen und geistigen, die größeren und kleineren mit großer Geduld und Beharrlichkeit erträgt. Sie muß dieselben alle so annehmen, als seien sie ihr von der Hand Gottes zu ihrem Nutzen und zu ihrer Aufhilfe zugesandt. Sie darf ihnen nicht ausweichen; denn sie dienen ihr zur Genesung. Daher gibt der Weise den Rat und sagt: *Wenn der Geist dessen, der Macht hat, über dich herfahren wird, so gib deine Stellung nicht auf,* das heißt, die Fassung deines Gemüts, die inneren Leiden mutvoll und gelassen zu ertragen; *denn dieses Mittel heilt die größten Sünden*[74]; die inneren Bedrängnisse und Ängste reinigen die Seele von den bösen und unvollkommenen Grundneigungen, die dazu verleiten können. Wegen dieser Ursache soll sie es allezeit für eine große Wohltat halten, so oft ihr der Herr innere Drangsale zusendet, und soll beherzigen, daß es nur eine kleine Zahl derjenigen gebe, die zu dem Ziel zu leiden gewürdigt werden, um einen so hohen Stand zu erreichen, als der ist, in welchem man durch Leiden und Drangsale zur vollkommenen Ähnlichkeit mit Gott durch die Liebe gefördert wird.

---

[74] Pred. 10, 4.

Geistliche Vorsichtsregeln für Ordensleute.

DER Ordensgeistliche, welcher in kurzer Zeit zur heiligen Ein-sammlung, zur Ruhe, Blöße und Armut des Geistes gelangen will, um den inneren Frieden und die Tröstungen des Heiligen Geistes zu erfahren, in der Vereinigung der Seele mit Gott, muß Folgendes beo-bachten, um sich von allen Hindernissen der Geschöpfe loszumachen, den hinterlistigen Täuschungen des Teufels zu entgehen, und sich von sich selbst loszureißen.

Vor allem darf nicht außer acht gelassen werden, daß alle Nachteile der Seele von der Welt, vom Teufel und vom eignen Fleisch zugehen.

Um den Nachteilen der Versuchungen der Welt zu entgehen, sind folgende Vorsichtsregeln zu befolgen:

Die erste ist, daß du alle Menschen gleich liebst und gegen keinen eine Anhänglichkeit hast. Von jedem mußt du dein Herz zurückziehen, sie mögen dir verwandt oder so bekannt sein. Mache dich von diesen, wie von jenen los, besonders von deinen Verwandten, weil du befürchten mußt, Fleisch und Blut erhalte von der natürlichen Liebe, die allezeit unter Verwandten besteht, mehr Nahrung und Lebhaftigkeit. Wer im Geist eine Vollkommenheit erringen will, muß diese Liebe unaufhörlich ertöten. Laß dir alle Menschen wie auswärtige und unbekannte Leute sein. Dadurch wirst du deine Verbindlichkeit gegen sie besser erfüllen können, als wenn du deine Neigung, die du Gott schuldig bist, auf sie richtest. Um nicht zu verirren, liebe keinen Menschen mehr als den anderen. Wenn du in dieser Hinsicht gegen dich nachsichtig bist und gegen diesen oder jenen dir eine Vorliebe erlaubst: so wirst du nicht nur zur ruhigen Geistessammlung nicht gelangen, sondern auch dem Teufel Gelegenheit geben, dich unter irgendeinem Schein des Guten oder Bösen zu betrügen. Du wirst nur sicher sein, wenn du tust, wie ich gesagt habe. Wenn nicht, wirst du den Unvollkommenheiten und Nachteilen nicht ausweichen können, die aus der Anhänglichkeit an Geschöpfe für die Seele entstehen.

Die zweite Vorsichtsregel gegen die Welt bezieht sich auf die zeitlichen Güter. Um in dieser Hinsicht die möglichen Nachteile sicher zu vermeiden, und die danach verlangenden Begierden beherrschen zu können, mußt du gegen jede Gattung eines Besitzes eine entschiedene Abneigung haben, und darfst du dich mit keiner Sorge um irgend etwas, z. B. um Nahrung, Kleidung etc., nicht einmal um den morgigen Tag bekümmern. Dafür gib deiner Sorge eine höhere Richtung: suche nämlich nur das Reich Gottes; d. h. sei nur getreu gegen Gott, so wird dir, wie Jesus sagte: *das übrige als Zugabe gegeben werden.*[75] Denn er, der für das unvernünftige Vieh sorgt, wird auch deiner nicht vergessen. Tust du dieses, so wirst du in den Sinnen Stille und Ruhe gewinnen.

Eine dritte Vorsichtsregel ist dir nötig, um allen Nachteilen zu entgehen, die unter Klosterleuten vorkommen können: Hüte dich mit allem Fleiß, um den Frieden der Seele nicht zu verlieren, daß du über das, was einen Religiösen betrifft, nicht urteilst, noch weniger davon redest. Denke und rede nichts von seiner Gemütsart, von seinem Wandel, von seinen Angelegenheiten, wenn sie auch noch so wichtig sein sollten, und sage unter dem Vorwand des Eifers, oder der Besserung keinem anderen etwas davon, als dem, bei welchem es nützlich sein kann, wenn du es zur gehörigen Zeit anbringst. Nimm auch nie ein Ärgernis, und verwundere dich nicht: du magst sehen oder hören, was immer; sondern bewahre deine Seele frei in der Ledigkeit, und vergiß alles.

Wenn du auch unter Engeln lebtest, so würde dir doch vieles bei einer vorwitzigen Aufmerksamkeit auf andere nicht gut scheinen; denn du kannst die wahre Beschaffenheit der Sache nicht gründlich einsehen. Und wenn du auch unter Teufeln lebtest, so will Gott doch, du sollst unter ihnen so leben, daß du in Gedanken auf ihr Tun und Lassen nicht einmal das Haupt umwendest; du sollst dies ganz unbeachtet lassen, weil

---

[75] Matth. 6, 33.

es dich durchaus nichts angeht. Schaue nur darauf, daß du deine Seele rein vor Gott bewahrst, und laß dich darin durch den geringsten Gedanken nicht hindern an das, was um dich vorgeht. Glaube es, daß es auch in religiösen Gemeinden nie an irgendeinem Anstoß fehlen wird, weil es an Teufeln nicht mangelt, welche sich befleißen, selbst Heilige zum Fall zu bringen. Gott läßt dies zu ihrer Demütigung und Prüfung zu.

Benimmst du dich bei allen Vorgängen im Kloster nicht so, als wenn du nicht daheim wärst; so wirst du weder zur heiligen Blöße und Einkehr gelangen, noch den Nachteilen entgehen, welche im Reden und Denken von anderen verborgenliegen. Du wirst dann auch bei der besten Absicht und dem besten Eifer bald da, bald dort dem Teufel eine Blöße geben. *Wer sich dünken läßt, er sei ein gottseliger Mensch,* sagt Jacobus[76], *und bezähmt seine Zunge nicht, dessen Gottesdienst ist eitel.*

Geistliche Personen, die nach der Vollkommenheit streben, sucht der Teufel gewöhnlich unter dem Schein des Guten zum Fall zu bringen, wohl wissend, daß sie das offenbar Böse verabscheuen. Um von ihm nicht betrogen zu werden, mußt du allezeit das fürchten, was gut scheint, vorzüglich, wenn du es nicht aus Gehorsam verrichtest. Die erste Vorsichtsregel gegen die Versuchungen des Teufels ist daher die:

Laß dich nicht bewegen, etwas zu tun, sollte es dir auch oder jemanden in oder außer dem Kloster noch so gut und löblich vorkommen, wozu dich keine Ordensregel verpflichtet, wenn du nicht von dem einen bestimmten Befehl dazu hast, der dir die Sicherheit und das Verdienst des Gehorsams geben kann. Indem du dadurch das Eigengesuch vermeidest, entgehest du auch der Schlinge des Feindes, und stellst dich gegen die Nachteile sicher, die du zwar für keine hältst, worüber aber Gott zu seiner Zeit von dir Rechenschaft fordern würde. Ohne vorsichtige Beobachtung dieser Regel, wirst du vom Teufel in kleinen und großen Dingen betrogen werden, bald mehr, bald weniger, wenn du auch recht zu handeln meinst. Wenn du aber auch dadurch in keinen Nachteil

---

[76] Jac. 1, 26.

fallen solltest, so wäre schon dies strafbar, wenn du nicht in allem der Leitung des Gehorsams folgtest; denn du irrtest ja schon nicht mehr schuldlos. Die Handlungen einer Ordensperson sind ja nicht ihr Eigentum, sondern des Oberen. Entzieht sie ihre Handlungen dem Gehorsam des Oberen, so wird sie von denselben, wie von unfruchtbaren und verlorenen Werken, Rechenschaft geben müssen.

Betrachte zweitens, um den Schlingen des Teufels zu entgehen, deinen Oberen nie anders, er sei, wie er wolle, als schautest du Gott selbst an; denn er ist dir ja als Gottes Stellvertreter gegeben; und hüte dich sorgfältig, auf den Gemütszustand oder auf andere gute Eigenschaften des Oberen zu sehen, und dich deswegen aus Zuneigung seinem Gehorsam zu unterwerfen. Dazu verleitet der Teufel viele, und bewirkt dadurch, daß ihr Gehorsam vor Gott keinen Wert hat. Es muß dir ganz gleichgültig sein, ob dieser oder jener, dessen Eigenschaften dir besser gefallen, die Stelle eines Vorgesetzten innehabe, um ein wahrer Geistlicher zu sein.

Die dritte Regel ist, welche geradezu den Teufel bekämpft, daß du dich befleißt, unausgesetzt in Gesinnungen, Worten und Handlungen in der Demut zu verharren; daß du über das Gute anderer dich so erfreust, wie über das deinige, und aufrichtig verlangst, andere sollen den Vorzug vor dir erhalten.

Dadurch wirst du das Böse auch im Guten überwinden, den Teufel weit von dir treiben und die Fröhlichkeit des Herzens besitzen. Auf solche Weise betrage dich besonders gegen die, gegen welche du eine gewisse Abneigung fühlst. Durch ein entgegengesetztes Benehmen würdest du weder die wahre Liebe erreichen, noch in derselben Fortschritte machen. Habe deine Freude mehr daran, von jemanden Lehre zu empfangen, als irgendeinem, und wäre er auch der Geringste unter allen, Lehre zu erteilen.

Um über das Fleisch, dessen Versuchungen nie ganz aufhören, so lange die Seele im Leib wohnt, und dich selbst zu besiegen, sollst du erstens denken, du seist aus keiner anderen Absicht in das Kloster getreten, als um von allen tüchtig abgehobelt und geplagt zu werden, um dadurch den Unvollkommenheiten und Beunruhigungen zu entgehen, die sich in Hinsicht der verschiedenen Gemütsarten und des Umgangs mit anderen ereignen können, und um aus allen widrigen Ereignissen einen Nutzen zu ziehen. Denn bald wirst du von einem durch Worte, bald von einem anderen durch Handlungen, und von einem dritten durch Urteile in der Geduld geübt werden. Gegen alle diese mußt du dich verhalten, wie eine Statue, die vom Bildhauer aus sich machen läßt, was er will. Ohne ein solches Verhalten wirst du weder die Sinne, noch die Sinnlichkeit bemeistern, noch mit den Religiösen dich gebührend betragen, noch in dir den Frieden erringen, noch unzählbaren Anstößen und Übeln entgehen.

Zweitens unterlaß nie eine Übung der Andacht oder des Gottesdienstes deswegen, weil du daran keinen Geschmack oder kein tröstliches Gefühl der Andacht dabei hast.

Und drittens, habe keine Anhänglichkeit an die süßen Empfindungen, die dir bei deinen religiösen Übungen zuteil werden. Nur so bezähmt und beherrscht man die Sinnlichkeit. Wenn du anders zu Werke gehst, wirst du weder die Eigenliebe überwinden, noch die Liebe Gottes erringen.

Geistliche Denksprüche.

1. Bestrebe dich immer, in allem, was du tust, Christus nachzuahmen, und sorge, daß du in diesem Streben immer zunehmest. Betrage dich immer so, wie sich Christus an deiner Stelle betragen haben würde.

2. Habe um Christi willen keine Anhänglichkeit an die Vergnügen, die dir in deinem Leben vorkommen; denn Christi Freude bestand während seines Lebens auf Erde nur in der Erfüllung des Willens seines Vaters.

3. Bestrebe dich, beharrlich nach dem zu verlangen, was schwerer, unangenehmer, niedriger und weniger ist.

4. Gott fordert von dir mehr den geringsten Grad der Gewissensreinheit, als alle andere Werke, die du leisten könntest.

5. Das aufrichtige Verlangen, innere Trostlosigkeiten und Leiden aus Liebe zu ihm willig zu ertragen, achtet Gott höher, als wenn du alle möglichen Tröstungen in hohen Betrachtungen oder übernatürlichen Gaben genießen würdest.

6. Wenn der Geist wahrhaft dem Vergänglichen abgestorben ist, so beschäftigt er seine Gedanken weder mit äußeren Dingen, noch unnötiger Weise mit Menschen; sondern in stiller Gemütsruhe mit Gott.

7. An einem einzigen Gedanken des Menschen liegt mehr, als an der ganzen Welt; deswegen ist Gott allein desselben würdig.

8. Bedenke, daß dein Schutzengel nicht immer auf dein Begehrungsvermögen wirke, um es zur Tätigkeit zu bewegen, obgleich er stets deine Vernunft erleuchtet.

9. Nur durch beharrliche Verleugnung dessen, wonach dich gelüstet, wirst du wahre Geistesfreude finden.

10. Es ist nicht der Wille Gottes, daß die Seele in Unruhe gerate oder in irgendeiner Sache leide; denn dies alles kommt nur von der Schwachheit ihrer Tugend. Ein Vollkommener freut sich in dem, was einem Unvollkommenen Traurigkeit verursacht.

11. Glaube ja nicht, es liege an vielen Werken, wenn man Gott gefallen soll; sondern vielmehr daran, daß man bei allem eine reine Absicht habe.

12. Hüte dich, daß du dich wegen widriger Ereignisse in der Welt nicht betrübst; denn du weißt ja nicht, welches Gute Gott damit beabsichtigt zum Heil der Gerechten und zur ewigen Freude der Auserwählten.

13. Freue dich auch nicht wegen vorübergehender Güter; denn du bist nicht versichert, ob sie dir zum ewigen Leben behilflich sein werden.

14. Nimm in Trübsalen vertrauensvoll deine Zuflucht zu Gott, und du wirst gestärkt, erleuchtet und zurechtgewiesen werden.

15. Aber auch in Freuden und beseligenden Tröstungen fliehe unverzüglich zu Gott; so wirst du nicht betrogen und in Selbstgefälligkeit verwickelt werden.

16. Gott regiert nur in einer friedlichen, vom Selbstgesuch freien Seele.

17. Habe auf Gott immer eine liebreiche Aufmerksamkeit, ohne Verlangen, etwas Besonderes von ihm zu erlangen.

18. Christus, der Gekreuzigte, sei dir genug! Mit ihm leide und ruhe. Befleiße dich daher, dich des Selbstgesuchs und der Anhänglichkeit an Geschöpfe zu entledigen.

19. Gehe in das Kämmerlein deines Herzens, und arbeite vor deinem Gott, der dir immer gegenwärtig ist, und dir Wohltaten erweist.

20. Liebe die Leiden, damit du dem Herrn gefällst, der für dich am Kreuz gestorben ist.

21. Wer Christi Kreuz nicht sucht, sucht auch seine Herrlichkeit nicht. Willst du ihn besitzen, so suche ihn nicht außer dem Kreuz.

22. Gott liebt die Seele, die sich demütigt und für nichts hält.

23. Die Liebe besteht nicht darin, daß jemand hohe Tröstungen empfinde, sondern in großer Blöße und Geduld.

24. Die Seelenvermögen und Sinne dürfen sich nur so viel mit dem Zeitlichen beschäftigen, als nötig ist, um Gott nicht außer acht zu lassen.

25. Es gibt drei Zeichen der inneren Einsammlung: wenn der Seele die vergänglichen Dinge nicht gefallen; wenn sie an der Einsamkeit und im

Stillschweigen Freude findet, und sich um das bekümmert, was vollkommener ist; und wenn ein inneres Gefühl der Nähe Gottes sie so
einnimmt, daß sie im Nachsinnen und Betrachten gehindert wird. Diese
Kennzeichen müssen aber zugleich beisammen sein.

Auszüge aus den Briefen.

1. Brief.

An einen untergebenen Ordensgenossen.
Wie wir Gott wahrhaft lieben können.

DER Friede Jesu Christi, mein Sohn, sei allezeit in deiner Seele! Vor allem, mein geliebter Bruder, müssen wir die Natur, den Ursprung und das Ziel unserer Neigungen erforschen und kennenlernen. Jede Lust, Freude und Regung in der Seele entsteht durch irgendeine Neigung und Begierde nach jenen Dingen, die sich die Seele als gute und erfreuliche vorstellt. Diese Vorstellung von ihrer Güte und Ergötzlichkeit erregt nun die Begierde nach ihnen in der Seele, und der Wille strebt, sie zu erhalten; das Gemüt freut sich, wenn das Ersehnte gegenwärtig ist, es fürchtet ihren möglichen Verlust, und betrübt sich, wenn selbe verlorengehen. Und so wird die Seele, verähnlicht mit diesen Dingen, von ihnen jetzt erfreut, nun betrübt, allemal aber verändert und beunruhigt.

Diese Neigungen nun, und diese selbstgemachten Ergötzungen in allen Dingen, außer Gott, müssen aber geradehin verleugnet und getötet werden, wenn wir ihn allein und rein lieben wollen; denn alles, was wir in Geschöpfen süß und lieblich finden, ist allein unsere Vorstellung von ihnen, und diese kommt von dem Begriff her, den wir uns von ihnen machen. – Auf diese Weise kann uns aber Gott weder süß, noch erfreulich sein; denn alle unsere Kräfte sind nicht vermögend, Gott zu begreifen und sich vorzustellen; daher kann er denn auch kein Gegenstand der Begierde und der genannten Lust des Willens sein. Und so wie die Seele in diesem sterblichen Leben Gott nie wesentlich kosten kann: so kann also auch jede von ihr gekostete, und durch Begriff und Vorstellung erkannte oder gedachte Süßigkeit Gott nicht sein; denn der Wille wird nie kosten, wie Gott in sich selbst ist, und so wird er denn auch nie wissen, wie und wer Gott in sich selbst sei.

Daraus erhellt nun klar, daß alles, dessen sich der Wille erfreuen kann, Gott nicht sei. Darum müssen nun alle diese Dinge, die Gott nicht sind, aus der Seele hinausgeschafft werden, damit das Gemüt leer sei, wenn uns anders ernst ist, mit Gott vereinigt zu werden, es sei nun was immer, zeitliche oder geistliche Dinge, woran wir mit Lust und Eigenheit haften, alles muß entfernt werden, damit wir ungestört und ganz allein mit der Liebe Gottes uns beschäftigen können; denn wenn der Wille auf einige Weise Gott begreifen, und mit ihm vereinigt werden kann: so ist dies nur allein möglich durch die reine Liebe, und nicht durch die ebengenannte Vorstellung von Dingen, die ein Gegenstand der Begier-lichkeit sind. Und weil denn keine Süßigkeit, kein Gefühl, dessen der Wille fähig ist, die wahre Liebe selbst ist; so erhellt, daß keines von diesen erfreulichen Dingen ein taugliches Mittel sein könne, unseren Willen mit Gott zu vereinigen; vielmehr, daß dies einzig durch die reine, lautere Wirkung des Willens möglich sei; denn nur durch diese Wirkung, welche die Liebe ist, wird der Wille mit Gott vereinigt, und endet sich in Gott, nicht aber durch das Fühlbare und Begreifliche der Begierde, die sich selbst zum Ziel und Ende in der Seele macht, die vielmehr, statt uns zu Gott zu leiten, uns von ihm zurückhält, ja uns von ihr abhängig macht; da im Gegenteil die reine Wirkung des Willens, was eigentlich Gott lieben heißt, darin besteht, daß die Seele in ihm allein ihre Freude, Lust und Liebe hat, und auf alles verzichtet, um ihn allein über alles zu lieben.

Der wahre Liebhaber Gottes verläßt eben aus reiner Liebe zu Gott diese Süßigkeiten, und setzt seine Liebe, alles ausschließend, in Gott, den er nicht empfindet. Da Gott unbegreiflich und unerreichbar ist, so muß der Wille die Wirkung seiner Liebe, soll sie anders rein und auf Gott gehen, nicht in das setzen, was er erreichen, und mit und durch die Begierde begreifen kann, sondern darauf, was weder zu erreichen, noch zu begreifen ist.

Die Seele muß lieben nach der Anleitung des Glaubens, sie muß das Wahrhaftige und Gewisse lieben, obgleich es ihre Sinne übersteigt; sie muß lieben und glauben über alles hinaus, was sie verstehen und fassen kann. Daher wäre es unvernünftig, wenn man bei Ermanglung des geistlichen Trostes meinen wollte, wir hätten Gott nicht, oder wenn wir bei Fühlung dieses inneren Trostes uns hoch erfreuen wollten, als besäßen wir ihn jetzt gewiß. Noch unverständiger aber würde der sein, der diese Süßigkeiten in Gott suchen, und ihm deswegen anhängen wollte: er würde ja nicht Gott, sondern nur seine Lust und seines Geistes Wohlbehagen suchen und lieben. Er würde nicht lieben, wie es der Glaube fordert, und es die reine Liebe verlangt; sondern mit seiner Begierde an dem Geschöpf[77] hängen. Es ist unmöglich, daß die Seele zu jener erhabenen Seligkeit des Geistes gelange, die aus der wahren Liebesvereinigung mit Gott entspringt, wenn sie nicht zuvor aller Begierlichkeit entblößt, und jeder sowohl zeitlichen als geistlichen Lust sich entledigt hat. Willst du demnach, mein lieber Sohn, jene große Seelenruhe genießen und zur Vollkommenheit gelangen; so opfere deinen Willen Gott unbedingt auf; und so wirst du, vereinigt mit ihm, aller irdischen, vergänglichen, und sonst geringen Dinge dich durchaus entschlagen.

Segovia, 14. April.

---

[77] An der Lust.

2. Brief.

An die barfüßigen Karmeliternonnen zu Beas.
Schweigen, Wirken und Leiden fördert die Seele.

JESUS und Maria sei in euren Herzen, geliebte Töchter in Christus!
Da ihr nun alle schon wißt, was zu eurem geistlichen Fortkommen
vonnöten ist, so gilt jetzt Schweigen und Wirken! Denn immer reden
und schreiben ist nichts als Zerstreuung. Das Schweigen aber sammelt
den Geist, und das Wirken stärkt ihn. Begebt euch jetzt in euer Herzens-
kämmerlein, seid stille, schweigt, wirkt in Demut, in Liebe und Verachtung eurer selbst. Ehe das, was gelehrt und geschrieben wurde, noch
nicht ganz erfüllt, und danach gelebt worden ist, dürfen anderen, neueren
Dinge nicht aufgesucht und verlangt werden; sonst würden wir ja
niemand so recht dienen, als unserem unruhigen Vorwitz, der selten zu
befriedigenden Begierlichkeit, und würde da unser Geist nicht schwach,
leer, und ohne alle Kraft werden, nutzlos alles Gehörte und Gelesene?

Deswegen, geliebte Töchter, ist viel daran gelegen, daß wir den Geist
den Lüsten des Feindes und der Sinnlichkeit entziehen, sonst werden wir
am Ende, aber leider zu spät, innewerden, daß uns, zwar gegen unser
Wissen und Wollen, gar vieles fehle, und wir noch weit von den Tugenden Christi fernstehen; wir werden zwar erscheinen vor ihm mit allerlei
Werken, aber leider nicht verrichtet auf die gehörige Weise; Lampen
tragen in den Händen, aber erloschen, da das, was wir zur Anzündung
derselben gebrauchten, eher zur Auslöschung, als zur Nahrung der
Flamme war. Damit uns nun das nicht widerfahre, und wir den Geist,
statt ihn zu lähmen, beleben und kräftigen, weiß ich euch kein besseres
Mittel, als: Leiden, Wirken und Schweigen, die Sinne schließen, den
Geist üben, die Stille und Einsamkeit lieben, alles vergessen, was außen
ist, durch keinen Zufall und kein Ereignis die Ruhe des Herzens, diese
selige Frucht der innigen Liebe, trüben oder sonst stören lassen; denn

ebendiese feste Ruhe des Gemüts ist die wahre Rüstung gegen alle sich ergebenden Leiden und Ereignisse.

Noch einmal, meine Töchter! Wirken und Leiden, und beide einhüllen in tiefes Schweigen ist der Wille Gottes an uns, wie ihn mir der Herr zu verstehen gegeben hat; denn davon seid alle überzeugt, wer so schnell ist zum Reden, und so bereit, mit den Leuten umzugehen, der denkt wenig an Gott. Wo der Gedanke immer auf Gott gerichtet ist, da liebt man sehr das Schweigen, sucht die Stille, die Zurückgezogenheit und flieht den Umgang der Welt. Unsere Seele gehört Gott, und er fordert sie als sein Eigentum. Auch das Herrlichste, Nützlichste und Edelste aller geschaffenen Dinge kann darauf keinen Anspruch machen; und wäre es, wir müssen es zurückweisen.

Granada am 22. Nov. 1587.

Nachschrift.

Unsere vornehmste Pflicht in Gegenwart des großen Gottes ist, daß wir sowohl mit dem Verlangen, als mit der Zunge schweigen; denn obwohl er die fromme Sprache seiner Kinder gerne hört, so will und liebt er doch mehr die stillschweigende Liebesrede.

3. Brief.

An Maria von Jesu, Stifterin und Priorin im Kloster in Cordula und ihre Mitschwestern. Von der Armut und Abtötung des Geistes.

JESUS sei in deiner und aller Schwestern Seele!
Daß ihr bei der größten Sommerhitze in ein so armes Haus eingezogen seid, ist nicht ohne besondere Vorsehung geschehen, damit ihr so das Volk erbaut, und zur Liebe desjenigen führt, dessen Eigentum zu sein ihr öffentlich bekennt, nämlich des armen, nackten Jesus, und zur

Belehrung jener, die sich etwa an euch anschließen wollen, welcher Sinn sie beleben, und mit welchem Geist sie eintreten müssen. – Habt acht, meine Töchter, daß der Geist der Armut und der Verschmähung alles Irdischen nie von euch weiche; geschehe es, dann wißt, daß ihr in tausend sowohl geistliche als leibliche Nöte fallen würdet, was allen widerfahren wird, die sich nicht mit unserem Gott befriedigen wollen, und außer ihm noch was suchen. Ihr werdet keine andere Not erfahren, als die, welcher ihr euer Herz freiwillig hingeben und unterwerfen, folglich euch selbst machen werdet. Der Arme im Geist ist dagegen fröhlich und vergnügt selbst im Mangel aller irdischen Dinge; denn er hat sein *Alles* in das *Nichts* gesetzt, darum findet er überall Überfluß und Ruhe des Herzens. Seliges Nichts! Glückliche Verborgenheit des Herzens! Dieses *Nichts* hat eine so große Kraft, daß es sich *Alles* unterwirft, indem es sich *Nichts* unterwerfen will, und alle Sorgen ablegt, um desto mehr in der Liebe zu entbrennen.

Da ihr die Erstlinge des Geistes empfangen habt, so seht zu, daß ihr den Weg der Vollkommenheit in aller Demut und Entledigung von allen äußerlichen und innerlichen Dingen ergreift. Übt euch in der Abtötung und Buße mit männlichem Willen und herzlichem Verlangen, unseren Christus zu gewinnen, wenn es auch etwas kostet, nicht wie die Eigennützigen und Selbstsüchtigen, die in und außer Gott nur immer ihren Vorteil, ihre Lust und Tröstungen suchen. Ahmt vielmehr jene männlichen Seelen nach, die Gott nicht auf seine, sondern auf ihre Kosten dienen, die leiden wollen in und außer Gott, schweigend, hoffend, liebend. Dazu gebe euch der Herr seine Gnade!

Segovia am 28. Juli 1589.

4. Brief.

An Eleonora vom heiligen Gabriel zu Cordoba.
Werfe deine Gedanken auf den Herrn, er wird für dich sorgen.

JESUS sei in deiner Seele! – Ich bedaure deine Kränklichkeit, noch mehr deine Ängstlichkeit, und wünsche, du wärst weniger sorgfältig für das Zeitliche deines Hauses, denn sorgt der Mensch sogar ängstlich, und glaubt er, er müsse für alles sorgen: so wird Gott unser vergessen, und wir werden mit all unserer Sorge in große zeitliche und geistliche Not geraten; denn schon unsere Sorge macht uns arm. Darum, o Tochter, werfe deine Gedanken auf den Herrn, und er wird für dich sorgen. Sollte wohl der, welcher das viele schenkt und schenken will, das wenigere, das geringere versagen wollen? Setze die Liebe und den Geist der Armut nie auf die Seite; wäre das, dann würde dir auch sogleich der Geist Gottes mangeln, und du würdest nachlässig werden in der Tugend. Hast du je gewünscht, arm zu sein – und ich weiß hierin deinen ernstlichen Willen – so sollte dich gerade jetzt, wo du das Amt einer Vorsteherin vertrittst, dieser Wunsch am lebendigsten beseelen; denn nicht mit Sorgen, mit Dichtungen für das Zeitliche, sondern mit Tugenden und himmlischen Begierden mußt du das Haus versehen und verwalten. Spricht dir ja selbst der Herr zu: *Sorge nicht ängstlich für Speise, Kleidung und den morgigen Tag!*[78] Deine einzige und Hauptsache sei: wie du und die Seelen deiner Untergebenen in aller Vollkommenheit und Gottseligkeit wachsen, und mit Gott vereinigt sein sollen, alles Irdische vergessend, stets eins mit ihm, allein fröhlich in ihm; was dann das zeitliche Fortkommen betrifft, dafür bürge ich euch in Gott.

Madrid am 20. Juni 1590.

---

[78] Matth. 6, 25.

5. Brief.

An dieselbe.
Von der Erfüllung des göttlichen Willens.

JE mehr Gott uns geben will, desto mehr macht er, daß wir danach verlangen; soll er uns aber mit seinen himmlischen Gaben erfüllen, so muß unser Herz von jedem anderen Gut leer sein, es darf nichts verlangen, nichts haben wollen, als Gott. Weil der Herr sie lieb hat, darum will er, daß sie einsam seien. Sie müssen aber ihr Gemüt ganz zu ihm wenden, und sich mit ihm allein begnügen, um allen Trost in ihm finden zu können. Wäre meine Seele sogar im Himmel, so würde sie dennoch nicht vergnügt sein, wenn sie den Willen nicht zu ihm wendete, um ihn zu lieben. Auf gleiche Weise geschieht uns hier. Gott ist zwar allezeit bei uns; hängt aber unser Herz an etwas anderen außer ihm, und lebt es in Zerstreuung dahin, dann wird uns seine Gegenwart weder heilsam, noch erfreulich sein.

Segovia am 8. Juli 1589.

6. Brief.

An die Schwester Magdalena vom Heiligen Geist zu Cordoba.
Wie man Unbequemlichkeiten ertragen soll.

DEINE Vorsätze werden dir notwendig genug sein, um die große Sonnenhitze, die Enge des Platzes, die Armut an allem so zu ertragen, daß niemand wahrnehme, ob sie dir lästig seien oder nicht. Siehe! Gott sucht bei diesen Anfängen Seelen, die nicht träge, verzärtelt und selbstsüchtig sind.

Wenn wir Gott in allen Dingen haben wollen, dürfen wir von unserer Seite in allen Dingen nichts suchen. Denn wie kann das Herz, das schon jemanden angehört, zugleich das volle Eigentum eines anderen sein?

Segovia, 28. Juli 1589.

7. Brief.

An eine Jungfrau zu Madrid außer dem Kloster.
Über die Beweinung der Sünden, die Betrachtung der Leiden
Jesu, und die Herrlichkeit des künftigen Lebens.

WAS du über die Sünde, ihre Flucht und Beweinung fragst, darauf antworte ich dir, meine Tochter, daß sie, wie du selbst sagst, aus ganzem Herzen zu beweinen und zu fliehen sei; denn sie ist ein Greuel vor Gott, und Christus mußte zur Versöhnung derselben sterben. Um sie sicherer vermeiden zu können, entziehe dich dem geselligen Umgang mit Menschen, so viel es geschehen kann, und rede bei vorkommenden Geschäften nicht mehr, als notwendig ist. Mag jemand noch so vollkommen sein, so gereicht es ihm doch allezeit zum Schaden, wenn er mit den Menschen mehr plaudert, als es die Not und Vernunft erfordert. Erfülle die Gebote Gottes ganz und mit Liebe.

Zur heilsamen Betrachtung der Leiden des Herrn gehört strenge Zucht des Leibes, jedoch mit nötiger Bescheidenheit, Abtötung des Fleisches zum Dienst des Geistes. Du darfst in keiner Sache deinem eigenen Willen und Geschmack folgen; denn dies war die Ursache seiner Leiden und seines Todes. Alles, was du nur immer tun willst, das tue mit Rat deiner Frau Mutter.

In Absicht auf die Herrlichkeit des Himmels mußt du, um sie gehörig zu betrachten, und zu lieben, alle Reichtümer und Genüsse der Welt für Nichts, für Eitelkeit und nutzlose Abmattung des Geistes ansehen; denn das sind sie wirklich. Achte nichts, wenn es auch dem Schein nach groß und kostbar ist, für etwas Hohes, als allein die Gnade und Freundschaft Gottes, für die wir geschaffen sind. Gegen diese ewigen Güter sind alle Herrlichkeiten dieses Lebens bitter und schädlich, und obgleich sie in sich vergänglich sind, so bleibt dennoch der Makel, den sie der Seele, eindrücken, ewig unvertilgbar, wenn wir uns ihnen hingeben.

8. Brief.

An die Frau Johanna von Pedraza in Granada.
Über das Verhalten in Trockenheiten und Verlassungen.

ICH wundere mich nicht, daß es dir vorkommt, du seist ohne Gott. Aber wahrlich, dies ist nur ein grundloser Wahn. Wer nichts will, als Gott, wandelt nie in der Finsternis, obgleich er sich arm und in der Finsternis sieht. Du wandelst wohl, meine Tochter, laß dich nur führen und freue dich. Niemals bist du in einem besseren Zustand gewesen, als eben jetzt, weil du nie so demütig und willig warst; nie noch hast du dich und die weltlichen Dinge so gering geachtet; nie dich so böse und Gott so gut erkannt, als du jetzt dich und ihn erkennst; noch nie hast du ihm so lauter und ohne Absicht auf eigenen Nutzen gedient, als jetzt; denn nun folgst du nicht mehr den Gebrechen deines eigenen Willens und dem Selbstgesuch, wie sonst.

Was meinst du denn, daß Gott dienen heiße, als: abstehen vom Bösen, Gottes Gebote halten, und dadurch ihm zu gefallen suchen? Tun wir das, was fehlt uns dann noch? Vielleicht die Einbildungen oder auch Erleuchtungen anderer, oder von da oder dorther geholte Tröstungen? Worin es größerenteils an Anstößen und Seelengefahren nicht fehlt, die mit ihren Einbildungen und Begierden sich selbst täuschen und beunruhigen, und durch ihre eigenen Gemütskräfte in Irrtum verleitet werden. Darum ist es wohl eine große Gabe Gottes, wenn er selbe verdunkelt, und die Seele so arm und trostlos macht, um durch selbe nicht irren zu können. Und wenn man hierin nicht irrt, was wird dann sonst erfordert, als auf dem geraden Weg der Gebote Gottes und der Kirche wandeln in einem zwar dunklen, aber wahren Glauben, in gewisser Hoffnung und reiner Liebe? Und so erwarten die Güter unseres Vaterlands, lebend hier als Fremdling, als Pilger, Armer, Verbannter, Waise und Trostloser, hier nichts habend und doch alles erwartend. So freue dich denn, und vertraue auf deinen Gott, der ganz gewiß dich führt. Wenn nicht, so wäre es kein Wunder, wenn er auf dich zürnte, da er dich auf einen so heilsamen Weg führt, und dich in einen so sicheren Stand gesetzt hat. Verlange nichts anderes, als ebendiesen Weg, und sei damit zufrieden, dann wird es gut mit dir gehen. Der Kommunion bediene dich, wie bisher, öfters, der Beichte aber nur dann, wenn du in einen wahren Fehler verfällst.

Segovia, am 12. Oktober 1589.

9. Brief.

An die Mutter Anna von Jesu im Kloster zu Segovia, als
Johannes vom Kreuz in seinem letzten Lebensjahr 1591 vom
Generalkapitel zu Madrid in einer Verfolgung des Vorsteher-
amtes im Kloster der barfüßigen Karmeliten
zu Segovia entsetzt wurde.
Beruhigung.

DAß die Dinge in dem Kapitel nicht nach deinem Wunsch für mich ausgefallen sind, das gereicht dir und mir zum Trost, und ist eine neue Ursache unseres Dankes zu Gott; denn da es aus göttlicher Anordnung geschehen, ist es ohne allen Zweifel uns heilsamer. Es ist nur übrig, daß wir unseren Willen dareingeben, wenn nicht, dann sehen wir immer das als ein Übel an, was uns mißfällt, obgleich es an sich gut und recht ist; nun ist aber das, was geschehen ist, weder mir noch anderen eine böse Sache; für mich ist es sogar ein Glück; denn so kann ich frei und ohne die Bürde der Verantwortung über die Seelen Untergebener zu tragen, wenn ich nur selbst will, unter dem Beistand Gottes der Ruhe und der Einsamkeit genießen; anderen wird es aber auch gut sein, wenn ich weit von ihnen entfernt bin, da meine Unerfahrenheit und Unwissenheit in dem Vorsteheramt sie vielleicht zu manchen Unvollkommenheiten gereizt hätte. Dies einzige, Tochter, begehre ich von Ihnen, Gott zu bitten, er wolle mir diese Gnade ferner zu meinem Heil gewähren; denn ich fürchte sehr, man möchte mich zwingen, wieder nach Segovia zu gehen, und man möchte mich nicht ganz von allem frei lassen, wenn ich mich gleich, so viel an mir ist, bemühen werde, auch diese Bürde abzuschütteln. Gelingt es mir, auch diesem zu entfliehen, so soll darum die Mutter Anna von Jesu nicht, wie sie meint, mir aus den Händen fallen, und daher wird sie auch in der Trostlosigkeit nicht darüber sterben, daß es, wie sie ebenfalls meint, nun keine Gelegenheit mehr gebe, eine ausgezeichnete Heiligkeit zu erringen. Ich mag indessen fortgehen oder bleiben müssen, mein Aufenthalt mag da oder dort sein, – so werde ich Ihrer nie vergessen. – Verharren Sie nur in der Ausübung der Tugend, der Abtötung und Geduld. Verlangen Sie wenigstens einigermaßen unserem großen Gott gleich zu werden, der sich demütigen und kreuzigen ließ. Das gegenwärtige Leben ist wahrlich ganz unnütz, wenn wir nicht seinen Fußstapfen folgen.

Madrid am 6. Juli 1591.

10. Brief.

An die Mutter Eleonora Baptista, Priorin zu Beas. Ein Aufruf zum apostolischen Leben und zur Selbstverleugnung.

JESUS sei in deiner Seele!

Glaube nicht, meine Tochter in Christus, als hätte ich dich und deine Mitschwestern in euren Beschwernissen nicht bemitleidet; das ist wirklich nicht so. Tröstlich ist mir aber euer Zustand, wenn ich bedenke, daß ihr, die ihr von dem Herrn zu einem apostolischen Leben in der Demut und Verachtung berufen seid, auch wirklich von ihm auf diesem Weg geführt werdet; denn einen Geistlichen will Gott geistlich haben, daß er sich von allem, und alles sich von ihm scheide, da Gott allein der Gegenstand seiner Liebe, sein Trost, seine Freude und Seligkeit sein will.

Wahrlich, meine Töchter, der Herr hat euch eine ausgezeichnete Wohltat erwiesen, daß er euch in einen Zustand versetzt hat, wo ihr aller Dinge vergessen, und Gott allein genießen könnt. Seid zufrieden, daß mit und an euch zur Ehre Gottes alles geschehe, was den Menschen, euch zu tun, belieben wird; denn nicht euch gehört ihr ferner mehr an, sondern Gott!

Granada, 8. Februar 1588.

Inhalt.

Zu dieser Ausgabe.

Der Text dieses Buches folgt der Ausgabe:
Des heiligen Johannes vom Kreuz christliche Mystik,
oder Anleitung zur sichern Selbst- und Anderer Führung
auf dem Wege der christlichen Vollkommenheit und Vereinigung mit Gott.
Aus dessen sämmtlichen Schriften gesammelt und bearbeitet
von Simon Buchfelner, Pfarrvikar. Landshut 1841.
Der Text wurde in die traditionelle deutsche Rechtschreibung übertragen, und zum
besseren Verständnis für den heutigen Leser sprachlich bearbeitet. Im fließenden
Buchtext befindliche Textauslegungen, welche im Original in Klammern wiedergeben
waren, ebenso wie Bibelverweise, sind hier als Fußnoten eingefügt worden.
Die Bibelverweise wurden, wo nötig, in heute mehr
gebräuchliche Stellenbezeichnungen geändert.